D1928660

GRUNDKURS UMWELT

GRUNDKURS UMWELT

Ein Lernprogramm
für alle Einsteiger

Mit 42 Abbildungen,
46 Grafiken
und 14 Tabellen

Edition Weitbrecht

© 1990 Edition Weitbrecht
in K. Thienemanns Verlag, Stuttgart und Wien

Herausgeber:
Landeszentrale für politische Bildung Baden-Württemberg,

Akademie für Natur- und Umweltschutz beim Ministerium für Umwelt Baden-Württemberg

Idee und Konzeption:
Claus-Peter Hutter, Akademie für Natur- und Umweltschutz Baden-Württemberg,
Siegfried Schiele, Landeszentrale für politische Bildung Baden-Württemberg

Redaktionelle Bearbeitung und Koordination:
Angelika Schober-Penz, Akademie für Natur- und Umweltschutz Baden-Württemberg,
Eugen Baacke, Landeszentrale für politische Bildung Baden-Württemberg

Beiträge von:
Prof. Dr. Ernst Waldemar Bauer
Horst Lässing, Landrat
Dr. Stefan Rentzsch von Sichart
Prof. Dr. Dieter Rodi
Prof. Dr. Gerhard Thielcke

CIP-Titelaufnahme der Deutschen Bibliothek

Grundkurs Umwelt : ein Lernprogramm für alle Einsteiger / [Hrsg.: Landeszentrale für Politische Bildung Baden-Württemberg ; Akademie für Natur- und Umweltschutz beim Ministerium für Umwelt Baden-Württemberg. Idee und Konzeption: Claus-Peter Hutter ; Siegfried Schiele. Red. Bearb. und Koordination: Angelika Schober-Penz. Beitr. von: Ernst Waldemar Bauer ...]. – Stuttgart ; Wien : Ed. Weitbrecht, 1991
ISBN 3-522-30290-7
NE: Hutter, Claus-Peter [Hrsg.]; Landeszentrale für Politische Bildung <Stuttgart>

Die Umschlaggestaltung besorgte Reichert Buchgestaltung in Stuttgart.
Gesetzt von Steffen Hahn in Kornwestheim
Reproduktionen von Die Repro in Tamm
Gedruckt auf nicht gebleichtem, säure- und holzfreiem Werkdruckpapier und gebunden von Wilhelm Röck in Weinsberg
Alle Rechte vorbehalten. Printed in Germany.
5 4 3 2

INHALT

Vorwort ...7

Einführung ...9

1 Ökologie
Prof. Dr. Dieter Rodi;
Dr. Stefan Rentzsch von Sichart

INFORMATIONSTEIL ...12
1. Umwelt – was heißt das eigentlich? ...13
2. Ökologie – die wissenschaftliche Grundlage ...14
3. Die Art – eine biologische Grundeinheit ...15
4. Biotop – Vielfalt an Lebensräumen ...18
4.1 Bach- und Flußauen ...18
4.2 Seen, Weiher, Teiche und Tümpel ...18
4.3 Extensiv genutzte Feuchtwiesen ...18
4.4 Moore ...18
4.5 Naturnahe Wälder ...19
4.6 Extensiv genutzte Äcker ...19
4.7 Hecken und Raine ...20
4.8 Heide ...20
4.9 Streuobstwiesen ...20
4.10 Biotopkartierung ...20
5. Biosphäre – das Gesamtökosystem der Erde ...21
5.1 Erde – Landschaftsverbrauch und Bodenveränderung ...21
5.2 Wasserverschmutzung und Wasserverknappung ...24
5.3 Luftverschmutzung und Klimaveränderung ...24

ARBEITSPROGRAMM ...26

KURSPROGRAMM ...29

LERNKONTROLLE ...36

2 Umweltschutz in Politik und Gesellschaft
Prof. Dr. Ernst Waldemar Bauer;
Dr. Stefan Rentzsch von Sichart

INFORMATIONSTEIL ...40
1. Der Naturschutzgedanke – ein Rückblick ...41
1.1 Technisierung der Natur ...41
1.2 Der Umweltschutzgedanke in Natur- und Wandervereinen ...42
2. Das Waldsterben – Beispiel für Umweltveränderung ...44
3. Politisches Bewußtsein – Umweltpolitik ...46
4. Umwelt- und Naturschutz – Auftrag des Landtags ...48

ARBEITSPROGRAMM ...51

KURSPROGRAMM ...55

LERNKONTROLLE ...59

3 Umweltschutz in Recht und Verwaltung
Horst Lässing, Landrat
Dr. Stefan Rentzsch von Sichart

INFORMATIONSTEIL ...62
1. Umweltschutz – eine Herausforderung ...63
2. Umweltschutz – Aufgabenfeld der Verwaltung ...68
3. Umweltschutz – seine gesetzliche Verankerung ...69

3.1 Immissionsschutz ... 69
3.2 Wasserrecht ... 71
3.3 Naturschutz ... 74
4. Umweltschutz – allgemeine rechtliche Grundlagen ... 75

ARBEITSPROGRAMM ... 77

KURSPROGRAMM ... 81

LERNKONTROLLE ... 86

4 Umweltschutz im Alltag

Prof. Dr. Gerhard Thielcke;
Dr. Stefan Rentzsch von Sichart

INFORMATIONSTEIL ... 90

1. Denken und handeln als Umweltbürger ... 91
1.1 Wir müssen lernen, vernetzt zu denken ... 92
1.2 Wir müssen lernen, (un)angepaßt zu denken ... 93
2. Wohnen und leben als Umweltbürger ... 93
2.1 Wasser – steter Tropfen ... 93
2.2 Haushalt sauber – Umwelt verschmutzt ... 94
2.3 Müll und Abfall – Kehrseite des Konsums ... 96
2.4 Haus und Hof – Umweltprobleme hausgemacht ... 97
2.5 Garten – Naturschutz über den Zaun hinaus ... 98
3. Der Bürger als Verkehrsteilnehmer ... 99
4. Politisch handeln als Umweltbürger ... 101
4.1 Alleine stark ... vereint stärker ... 101
4.2 Lokale Bürgerinitiative ... 103

ARBEITSPROGRAMM ... 106

KURSPROGRAMM ... 109

LERNKONTROLLE ... 115

ADRESSENLISTE ... 117

LITERATUR ... 119

LÖSUNGSTEIL ... 123

BILDNACHWEIS ... 127

Vorwort

Während das Umweltbewußtsein in der Bevölkerung weiter wächst, schwindet die Landschaft und wertvolle Biotope werden irreparabel zerstört. Die augenscheinliche Diskrepanz erfordert gemeinsames Handeln. Wir Menschen müssen unser Verhalten ändern und müssen lernen, die natürlichen Lebensgrundlagen zu nutzen, ohne sie zu zerstören, wir müssen auch lernen, Ansprüche zu reduzieren und allgemein umweltgerecht zu handeln. Das richtige Verhalten gegenüber der Natur stellt jedoch auch hohe Anforderungen an die Menschen, die nur dann die gewünschten Auswirkungen haben können, wenn sie von möglichst vielen anerkannt und angestrebt werden. Die notwendigen Maßnahmen müssen von der Einsicht in die ökologischen Zusammenhänge und deren Bedrohung durch unsachgemäße Eingriffe und von einer positiven Einstellung der Natur gegenüber getragen werden. Umweltgerecht handeln heißt in erster Linie auch eigeninitiativ und eigenverantwortlich handeln.

Umweltbildung zählt deshalb heute zu den zentralen Themen des Umweltschutzes. Denn nur wer Natur und Umwelt kennt, kann die natürlichen Lebensgrundlagen auch konkret schützen. Ebenso notwendig ist jedoch auch die Kenntnis der politischen und gesellschaftlichen Verankerung des Umweltschutzes, um die notwendige Akzeptanz für Maßnahmen der Umweltvorsorge zu erreichen. Umweltgerechtes Handeln als Ziel der Umweltbildung muß die Erkenntnis ökologischer Zusammenhänge, das Erleben von Natur, das Betroffensein des einzelnen und eine überlegte Umweltethik zum Ziel haben. Ein fundiertes, ökologisches Grundwissen ist die Voraussetzung für umweltverträgliches Handeln im Alltag, in der Gemeinde oder überall. Dieses Wissen zu vermitteln ist nicht nur eine Aufgabe von Umweltbildungsstätten, sondern praxisbezogene Umweltbildung muß in Zusammenarbeit mit allen gesellschaftlichen Gruppierungen vonstatten gehen. Sie muß vorhandene Ansätze, Anregungen und Perspektiven zusammenbringen und dadurch neue Impulse geben. Sie muß aber auch die Erkenntnis vermitteln, daß umweltgerechtes Handeln nicht nur als Einschränkung zu sehen ist, sondern daß sich dies positiv auswirkt auf die Gesundheit, auf das Wohlbefinden, vor allem aber auf die weitere Existenz der Menschheit.

Die Versöhnung von wirtschaftlich-technischem Fortschritt mit dem Schutz unserer Lebensgrundlagen kann jedoch nicht darin bestehen, unserer technisch geprägten Zivilisation einfach den Rücken zu kehren und auszusteigen. Es geht vielmehr um eine ökologische Neuorientierung. Hierbei ist die Eigenverantwortung des einzelnen und das persönliche Verantwortungsbewußtsein gefragt. Die Handlungsmöglichkeiten der Bürger und der Wirtschaft für mehr Umweltschutz dürfen nicht unterschätzt werden. Jeder muß Umweltschutz im täglichen Leben praktizieren. Gerade der Verbraucher ist es, der durch das Konsumverhalten wesentlich die ökologische Neuorientierung der Industriegesellschaft prägt.

Hier setzt der *Grundkurs Umwelt* an. Die Akademie für Natur- und Umweltschutz konnte in Zusammenarbeit mit der Landeszentrale für politische Bildung namhafte Autoren aus Wissenschaft, Politik und Verwaltung zu fachlich fundierten und didaktisch aufbereiteten Beiträgen gewinnen. Mit dem *Grundkurs Umwelt* werden in vier Bausteinen Einblicke in das aktuelle Umweltgeschehen gegeben und Hintergründe vermittelt. Der Grundkurs ist eine praktische Handreichung mit vielen Beispielen, Anregungen und Ideen; er soll aber auch zum Entwickeln eigener Ideen Anstoß und Mut geben. Allen, die zum Gelingen beigetragen haben, gilt unser herzlicher Dank.

Claus-Peter Hutter,
Leiter der Akademie für Natur- und
Umweltschutz Baden-Württemberg

Siegfried Schiele,
Direktor der Landeszentrale für
politische Bildung Baden-Württemberg

Zur Einführung

Der *Grundkurs Umwelt* richtet sich an alle 'Einsteiger', die sich über das gesellschaftlich immer bedeutendere Thema *Umwelt* informieren wollen oder die ihre bereits vorhandenen Kenntnisse im spielerischen Selbsttest auffrischen oder vertiefen wollen. In vier fachlich fundierten Beiträgen zu „Ökologie", „Umweltschutz in Politik und Gesellschaft", „Umweltschutz in Recht und Verwaltung" sowie zu „Umweltschutz im Alltag" werden Grundlagen des Natur- und Umweltschutzes vermittelt. Die jeweils speziell für diesen Kurs entwickelten, nach dem gleichen Schema methodisch aufgebauten Bausteine ermöglichen dem Lernenden, sich ohne Vorkenntnisse bei freier Zeiteinteilung im Selbststudium in die Materie einzuarbeiten. Mittlerweile existiert bereits eine Fülle von Umweltliteratur; so wird es für Einsteiger in das Umweltthema immer schwieriger, einen Überblick zu gewinnen und Umweltwissen verständlich zu erlangen. Wenn Interessenten nach allgemeiner Literatur zur Natur und Umwelt fragen, müßte man eigentlich auf einen Bücherstapel von mehreren Metern Höhe verweisen.

Der *Grundkurs Umwelt* ist deshalb so angelegt, daß er in der Erwachsenenbildung als thematisch einführendes Unterrichtsmaterial eingesetzt werden kann. Der Grundkurs kann und will nicht alle umweltrelevanten Themen abdekken. Dabei ist das Kursbuch als Anregung zu verstehen; es kann jederzeit durch eigene Materialien und Ideen ergänzt oder an die lokale Situation angepaßt werden. Bei der didaktischen Bearbeitung wurde insbesondere der Bezug zur Praxis, die Verknüpfung mit dem Alltagsleben, die persönliche Identifikation und Betroffenheit zum Ziel gesetzt. Die Methoden der modernen Erwachsenenbildung liegen der Konzeption zugrunde.

- ▶ In einem INFORMATIONSTEIL werden die inhaltlichen Schwerpunkte anschaulich und unterhaltsam vermittelt.
- ▶ Im Anschluß erfährt der Lernende in einer Erfolgskontrolle – dem ARBEITSPROGRAMM –, wo er wissensmäßig steht.
- ▶ Aufschluß über Verständnislücken erhält man spielerisch und lebendig im KURSPROGRAMM, bei dem das Erlernte angewendet, gefestigt und übertragen wird.
- ▶ Eine LERNKONTROLLE mit Lösungsteil schließt die jeweilige Einheit wirksam ab.
- ▶ Besonders Interessierte finden am Schluß eine jeweils thematisch geordnete LITERATURAUSWAHL zur vertiefenden Lektüre.

Diese praktische Handreichung für 'Einsteiger' in dieses Thema soll zugleich eine Unterstützung sein für diejenigen, die sich selbst im Umweltbereich engagieren und die Umweltwissen im Rahmen der Erwachsenen- und Jugendbildung vermitteln wollen.

ÖKOLOGIE

Prof. Dr. Dieter Rodi
Dr. Stefan Rentzsch von Sichart

INFORMATIONSTEIL

Puzzle

☐ Biolog. Dimension eines Lebensraumes: Vorkommen und Beziehung von Pflanzen und Tieren an einem bestimmten Ort.

☐ Wissenschaft von der Beziehung des Organismus zu seiner umgebenden Umwelt.

☐ Lebewesen, die in allen wesentlichen Merkmalen übereinstimmen und miteinander eine Fortpflanzungsgemeinschaft bilden.

☐ Die Wirkungsfaktoren für Lebewesen, die deren Lebensbedingungen und das Verhalten bestimmen; als sogenannte Eigenwelt nicht von einem Lebewesen auf ein anderes übertragbar.

Welche Begriffe gehören zu den umstehenden Beschreibungen?

1. Umwelt
2. Naturschutz
3. Umweltschutz
4. Ökologie
5. Population
6. Ökosystem
7. Art
8. Biotop

☐ Handlungen und gesetzliche Regelungen, mit denen dem Menschen seine natürliche Umwelt erhalten bzw. wiederhergestellt werden soll, um ihn vor Schäden zu bewahren.

☐ Die Beschreibung von Lebewesen unterschiedlicher Arten im Zusammenhang ihres gemeinsamen Lebensraumes – als Einheit betrachtet.

☐ Handlungen und Gesetze, die das Ziel haben, die natürliche bzw. naturnahe Umwelt zu erhalten.

☐ Gruppe von Lebewesen, die an einem Ort leben und zur gleichen Art gehören.

1. UMWELT – WAS HEISST DAS EIGENTLICH?

Alle Lebewesen haben eine Umgebung, eine Umwelt. Obwohl das trivial klingt, ist der Begriff *Umwelt* gar nicht so einfach zu definieren. In der Biologie orientiert man sich an folgender Begriffsbestimmung: Umwelt ist die Eigenwelt eines Lebewesens, d. h. die Amöbe lebt in einer ›Amöbenwelt‹, der Schimpanse in einer ›Schimpansenwelt‹. Diese Eigenwelten sind für uns Menschen nicht unmittelbar erfaßbar und auch nicht von einer Tierart auf eine andere übertragbar, da die Umwelt(en) je nach den unterschiedlich ausgeprägten Sinnen anders wahrgenommen wird, und sie auch je nach den unterschiedlichen Existenznotwendigkeiten etwas anderes bedeutet.

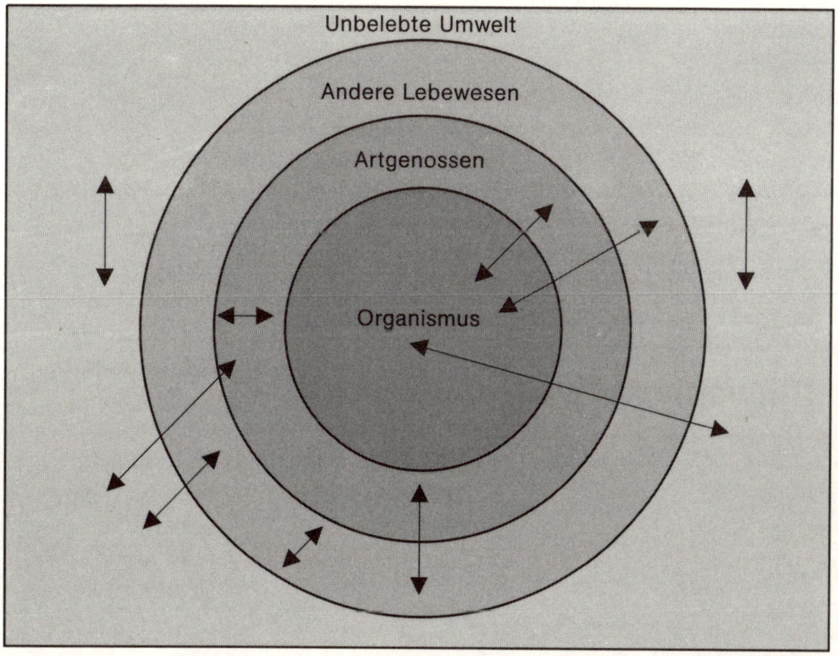

Der Mensch selbst ist nicht so eng in eine unabänderliche Eigenwelt eingepaßt wie die Tiere. Es gibt sehr viele direkte und indirekte Einflüsse – und zwar wechselseitig – von Umwelt und Mensch.

Bei der Beschreibung der menschlichen Umwelt gibt es eine weite und eine enge Auffassung:

Die weite Definition beschreibt die menschliche Umwelt als Bezeichnung für die Gesamtheit aller von außen auf den Menschen einwirkenden Erscheinungen und Faktoren, die seine Lebensbedingungen und sein Verhalten bestimmen. Dazu gehören:

- Natürliche Faktoren: Klima, Luft; Wasser; Landschaftsformen, Gesteine und Bodenarten; Pflanzen- und Tierwelt.
- Soziale Faktoren: andere Menschen und Menschengruppen, Institutionen (Verwaltung, Staat), soziale Regeln und Normen.
- Kulturelle (bzw. zivilisatorische) Faktoren: Ergebnisse und Entwicklungsperspektiven von Wissenschaft, Technik und Kultur, die es ermöglichen, alle Lebensvoraussetzungen des Menschen langfristig zu beeinflussen.

Die enge Definition vernachlässigt die sozialen und kulturellen Faktoren. Als Umwelt des Menschen wird seine physikalische und biologische Umgebung verstanden. In dieser Beschreibung wird besonders deutlich, daß der Mensch als Einzelwesen und die Menschheit als Ganzes von der natürlichen Umwelt (Luft, Boden, Wasser) abhängig und durch den Kreislauf der Stoffe mit ihr verbunden ist. Mit Hilfe der technischen Errungenschaften kann der Mensch seine Umwelt stark verändern: Er ist Teil der Umwelt und gleichzeitig beeinflußt er sie.

Der Begriff der *natürlichen Umwelt* kann also nicht im Sinne einer völlig naturbelassenen, vollständig unbeeinflußten, sondern nur im Sinne einer *naturnahen*, d. h. vom Menschen wenig beeinflußten Umwelt verstanden werden.

Über Jahrtausende hinweg hat der Mensch in zunehmendem Maße seine natürliche Umwelt verändert, er jagte Tiere, trieb Ackerbau, baute Städte und Straßen. Seit Beginn der Industrialisierung nahm die Veränderung der Umwelt derart große Ausmaße in relativ kurzer Zeit an, daß dem Menschen bewußt wurde, daß er die Natur (Tiere und Pflanzen sowie Landschaften) in einem Maße bedroht, daß diese gefährdet ist. Der aus diesem Gedanken entstandene *Naturschutz* bemühte sich, die natürliche Umwelt und die von der Zivilisation bedrohten Tiere und Pflanzen sowie deren Lebensräume zu retten.

Mittlerweile ist die Veränderung und Beeinflussung der natürlichen Umwelt allerdings derart weit fortgeschritten, daß nicht mehr nur einzelne Lebensräume bzw. einzelne Tiere und Pflanzen in ihrer Existenz bedroht sind, sondern der Mensch selbst. Seit Anfang der siebziger Jahre wird deshalb der Naturschutz vom wesentlich umfassenderen Gedanken des *Umweltschutzes* abgelöst. Umweltschutz bezieht sich auf alle Maßnahmen, die notwendig sind, um dem Menschen eine natürliche Umwelt zu erhalten, wie er sie für seine Gesundheit und ein menschenwürdiges Dasein benötigt, und seine natürlichen Existenzgrundlagen (Boden, Luft, Wasser, Pflanzen- und Tierwelt) vor irreparablen Eingriffen zu schützen bzw. Schäden aus menschlichen Eingriffen zu beseitigen.

Die Probleme der Umweltverschmutzung und Umweltzerstörung sind hinreichend bekannt. Man denke nur an das Waldsterben, an Wasserverschmutzung, Artenschwund, Meeresverschmutzung, Klimaveränderung und Ozonproblematik.

2. ÖKOLOGIE – DIE WISSENSCHAFTLICHE GRUNDLAGE

Eine wesentliche Grundlage für den Umweltschutz ist die *Ökologie*. Ökologie ist die Wissenschaft, die sich mit den Beziehungen der Lebewesen zu ihrer belebten, *biotischen* (Pflanze, Tier, Mensch) und ihrer unbelebten, *abiotischen* (Luft, Wasser, Boden) Umwelt befaßt. Der Naturforscher Ernst Haeckel hat 1866 den Begriff als erster geprägt: »Unter Ökologie verstehen wir die gesamte Wissenschaft von den Beziehungen des Organismus zur umgebenden Außenwelt, wohin wir in weiterem Sinne alle Existenzbedingungen rechnen können.«

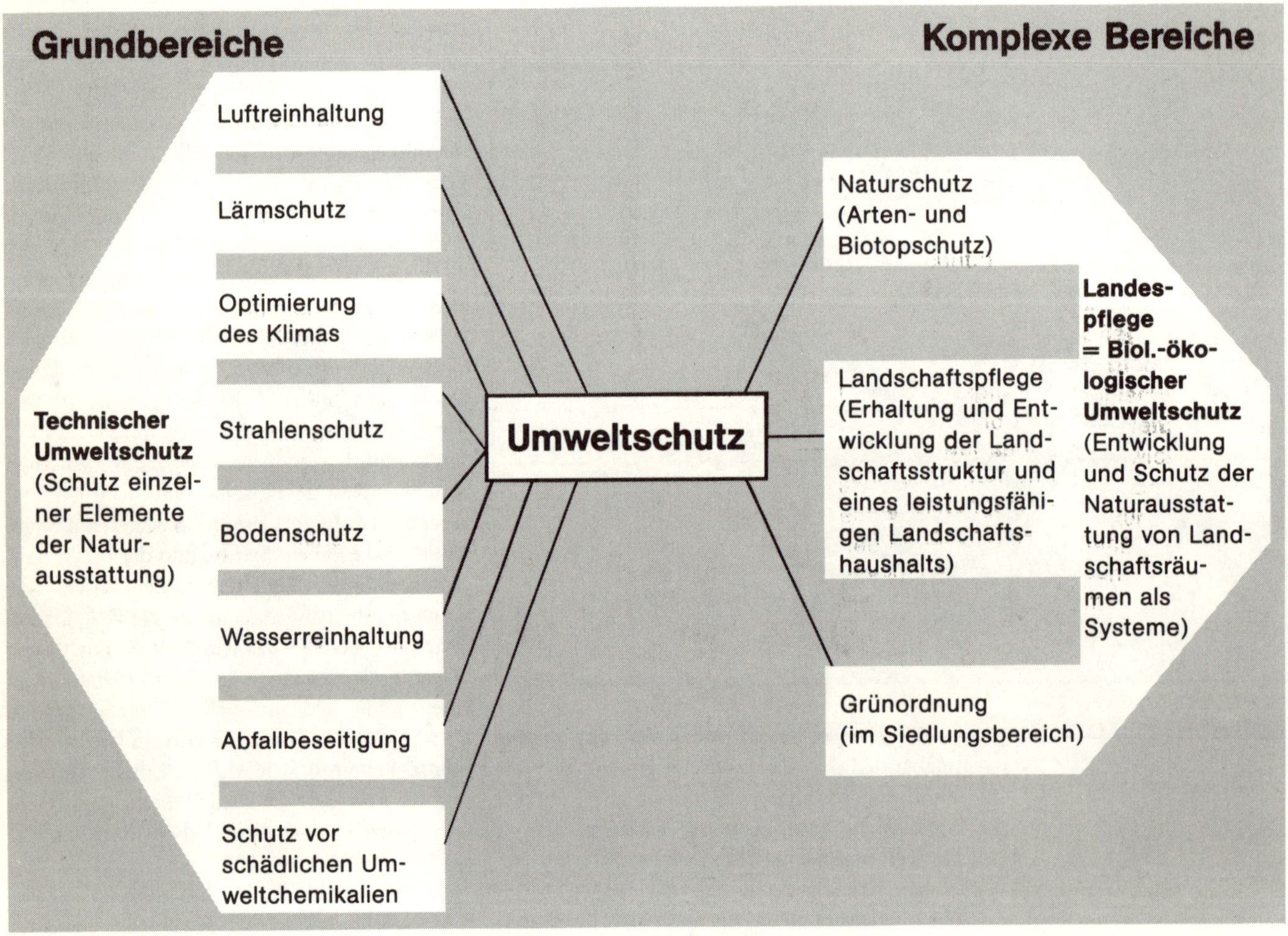

Bereiche des Umweltschutzes. Aus: Stirhmann, W.: *Naturschutz*. Unterricht Biologie, 9. Jg., 1985, S. 4.

Der Begriff der Ökologie hat in neuerer Zeit eine starke Erweiterung erfahren. So sind nicht nur die Beziehungen zwischen einzelnen Organismen (Lebewesen) und ihrer Umwelt gemeint, sondern auch die Beziehung der Bevölkerung einer Art (Population) an einem Ort untereinander sowie die Beziehung eines Systems von Organismen (Lebensgemeinschaft) zu seiner Umwelt. Betrachtet man die Lebensgemeinschaft zusammen mit ihrem Lebensraum als Einheit, so hat man es mit einem *Ökosystem* zu tun.

Beziehungen zwischen abiotischen und biotischen Faktoren im Ökosystem Wald.
Verändert nach: Grupe, H.: *Biologiedidaktik.* Köln 1971, S. 142.

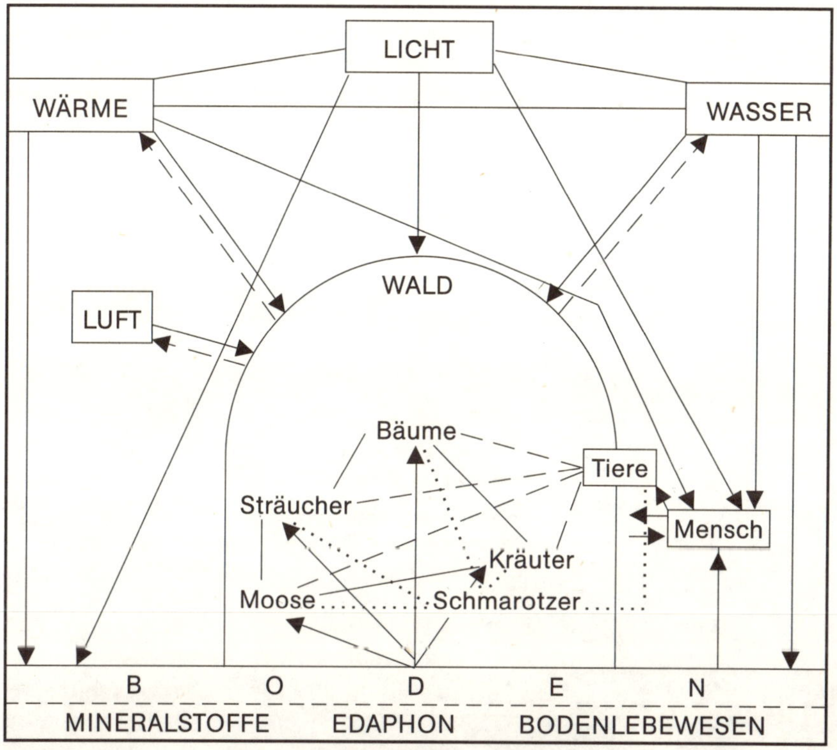

3. DIE ART – EINE BIOLOGISCHE GRUNDEINHEIT

Im Mittelpunkt ökologischer Betrachtung stehen Lebewesen, und zwar:

- als Einzelorganismus bzw. als konkretes Individuum,
- als Gruppe von verwandten Individuen (Population),
- als Organismen-*Art*, d. h. als Gesamtheit aller Populationen artgleicher Individuen, und
- als Gemeinschaften verschiedener Arten (Lebensgemeinschaften).

Ökologische Betrachtung wird von Ebene zu Ebene komplexer, ist nicht eindimensional, sondern bezieht sich auf die Wechselwirkungen von allen Elementen des Systems Umwelt. Hierbei ist besonders die Ebene der Arten von Lebewesen von besonderer Wichtigkeit. Die Art ist die systematische Grundeinheit in der Biologie.

Eine Art ist eine Gruppe von Individuen, die in allen wesentlichen Merkmalen untereinander übereinstimmen. Die Unterscheidung und Zuordnung von Arten nach dieser Methode der Ähnlichkeit ist nicht immer leicht. Dennoch hat schon Carl von Linné nach dieser Methode in seinem 1758 erschienenen Buch *Systema Naturae* 4236 Tierarten und 14 000 Pflanzenarten beschrieben und auch Gattungen zugeordnet, beispielsweise:

Dt. Name	Artname	Gattungsname
Tiger	tigris	felis
Löwe	leo	felis

Der Gattungsname ist *felis* und deutet auf die enge Verwandtschaft zwischen Tiger und Löwe hin.

Carl von Linné und seine Zeitgenossen nahmen an, daß die Arten unwandelbar seien. Seit Charles Darwin (1809–1882) (1859, *On the origin of species* [dt. Vom Ursprung der Arten]) wissen wir, daß sich Arten durch Genveränderungen (Mutationen) ändern können, wenn sie in der Umwelt mit ihrer (neuen) genetischen Ausstattung überleben können.

Aus diesem Grund definiert man heute die Art als eine Fortpflanzungsgemeinschaft: Eine Art ist eine Gruppe von Individuen, die miteinander fruchtbare Nachkommen hervorbringen können. Eine Vermischung von Arten findet selten statt. Entweder kommt es nicht zur Befruchtung, oder der Embryo stirbt ab, oder die Nachkommen von Kreuzungen verschiedener Arten sind unfruchtbar (z. B. Maultier und Maulesel sind Kreuzungen aus Esel und Pferd, können aber keine Nachkommen zeugen).

Viele Arten haben sich im Laufe ihrer Entwicklung (Evolution) an ganz bestimmte

Umweltverhältnisse angepaßt, um in dieser Umwelt überleben und sich gegen konkurrierende Arten behaupten zu können. Sie nehmen eine ökologische Nische ein. So kommt z. B. der Stengellose Enzian auf kalkhaltigen und der – ähnliche – Breitblättrige Enzian auf kalkarmen Böden vor.

Je enger eine ökologische Nische ist, d. h. je spezieller Arten auf einzelne Bedingungen ihrer Umwelt angewiesen sind, desto eher sind sie bei einer Veränderung der Umwelt gefährdet.

Bis heute kennt man etwa 1,1 Millionen Tierarten und etwa 400 000 Pflanzenarten. Es werden immer noch neue Arten entdeckt – vor allem bei den Kleinlebewesen und auch in den schwer zugänglichen Teilen der tropischen Regenwälder – jedoch sterben auch fortwährend Arten aus.

Man muß die Lebensweise von Pflanzen und Tieren sehr genau kennen, um Erklärungen für die Gefährdung mancher Arten zu finden. Jedoch weiß man, daß eine Art als Fortpflanzungsgemeinschaft nicht zu klein sein darf: sinkt die Anzahl der Individuen einer Art unter einen gewissen Schwellenwert, ist sie zum Aussterben verurteilt.

Diesen Schwellenwert kann man allerdings nicht für die gesamten Tier- und Pflanzenarten angeben, um das Aussterben der Arten vorherzusagen. Die Angaben sind von Art zu Art verschieden und abhängig von den Möglichkeiten des Genaustausches (Genpool).

Der Grad der Gefährdung der einzelnen Arten wird in *Roten Listen* festgehalten. Viele bedrohte Arten wurden inzwischen unter Naturschutz gestellt (Bundesartenschutzverordnung, Dezember 1986) – für manche kam diese Maßnahme allerdings zu spät. So sind allein in Baden-Württemberg z. B. von 20 Arten Fledermäusen 4 Arten ausgestorben oder verschollen, bei den Vögeln von 340 Arten 19 ausgestorben oder verschollen, darunter das Birkhuhn, der Schwarzstorch und der Steinsperling, bei den Fischen von 57 Arten 17 ausgestorben bzw. extrem selten geworden, wie z. B. Mühlkoppe, Steinbeißer und Lachs.

Frühlingsenzian

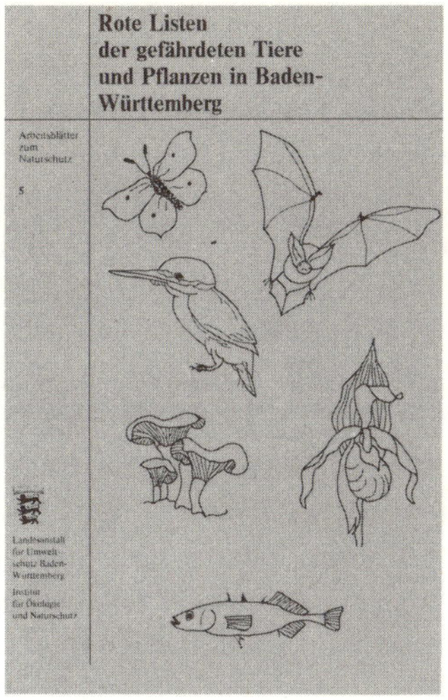

Oben Mitte: Moorfrosch (Rana arvalis). Gefährdungskategorie 1, vom Aussterben bedroht.

Oben rechts: Kreuzotter (Vipera berus). Gefährdungskategorie 2, stark gefährdet.

Mitte: Küchenschelle (Pulsatilla vulgaris). Gefährdungskategorie 3, gefährdet.

Unten: Frauenschuh (Cypripendium calceolus). Gefährdungskategorie 3, gefährdet.

4. BIOTOP – VIELFALT AN LEBENSRÄUMEN

Ein Ökosystem definierten wir oben als Einheit von Lebensgemeinschaft und Lebensraum. Dabei wird als Lebensraum sowohl die biologische Umwelt, d. h. die unterschiedlichen Arten von Organismen, Tieren und Pflanzen als auch der anorganische Zustand (Wasser, Luft) verstanden. Betrachtet man nur die biologische Dimension eines Lebensraumes, also das Vorkommen und die Beziehung von Pflanzen und Tieren an einem Ort, dann spricht man von einem Biotop. Ein Biotop wird definiert als natürlicher abgrenzbarer Lebensraum einer darin lebenden Lebensgemeinschaft (z. B. Moor, Bach, Wald); die Lebensgemeinschaft ist das sich in einem beweglichen Gleichgewichtszustand erhaltende Bevölkerungssystem, welches in einem Biotop existiert. Dabei gibt es zwei Grundprinzipien:

- ▶ Je variabler die Lebensbedingungen eines Biotops sind, desto größer ist die Artenzahl seiner Lebensgemeinschaft.
- ▶ Wenn sich die Lebensbedingungen eines Biotops vom (für die meisten Organismen) Optimalen entfernen, wird die Lebensgemeinschaft zwar artenärmer, dafür aber charakteristischer.

Die Biotope, die nicht durch Monokulturen, intensive und chemieunterstützte Landwirtschaft, Fluß- und Bachbegradigungen und ähnliche Eingriffe in die naturnahe Landschaft ihren Artenreichtum verloren haben, nennt man biologisch-ökologisch wertvolle Biotope.

Die folgenden Beispiele machen deutlich, daß nicht nur *natürliche* Umwelt zu derartigen Biotopen gezählt wird, sondern auch traditionelle Kulturlandschaften (Wacholderheide, Streuobstwiesen), die sich durch ihre charakteristische Artenvielfalt auszeichnen.

4.1 BACH- UND FLUSSAUEN

Bach- und Flußauen haben durch den Eingriff des Menschen stark gelitten, sei es durch die Besiedlung der Auen oder durch die Anlage von Einrichtungen zum Hochwasserschutz: Flußkorrekturen, Hochwasserdämme, Staustufen oder Rückhaltebecken. Die wenigen erhalten gebliebenen naturnahen Auwälder sowie die naturnahen Ufergehölze verlangen als Biotope besondere Beachtung.

4.2 SEEN, WEIHER, TEICHE UND TÜMPEL

Diese Gewässer gewähren vor allem in Ufernähe einer Artenvielfalt geeignete Lebensräume. Sie sind insbesondere durch Verschmutzung, aber auch durch die übermäßige Belastung von Erholung suchenden Menschen bedroht; Tümpel wurden lange als Erddeponien zugeschüttet.

4.3 EXTENSIV GENUTZTE FEUCHTWIESEN

Derartige Wiesen, z. B. Flachmoore, sind besonders artenreich. Sie wurden früher nicht gedüngt und nur einmal zur Gewinnung von Stall-Einstreu (Name: Streuwiese) im Juli/August gemäht.

Seit der Einführung der Rinderhaltung mit Schwemmist sind die Streuwiesen überflüssig geworden. So wurden viele entweder aufgeforstet oder durch Düngung und Dränage in Intensivwiesen umgewandelt.

4.4 MOORE

Allgemein sind Moore Anhäufungen von Pflanzenresten, die durch Sauerstoffmangel in der z. T. stark vernäßten Oberfläche nur unvollständig abgebaut werden. Deshalb entstehen unterschiedliche Torfschichtungen.

Die zwei wichtigsten Moorarten sind Hochmoor und Niedermoor. Alle Moore in der Bundesrepublik Deutschland gehören zu den am meisten gefährdeten Lebensräumen. Die meisten ihrer Tier- und Pflanzenarten sind vom Aussterben bedroht. Hochmoore sind durch den Torfabbau besonders gefährdet. Viele von ihnen wurden deshalb inzwischen als Naturschutzgebiete ausgewiesen. Im moorreichsten Bundesland Niedersachsen sind von den ursprünglich 3000–4000 qkm Moorfläche nur noch knapp 10 % erhalten geblieben.

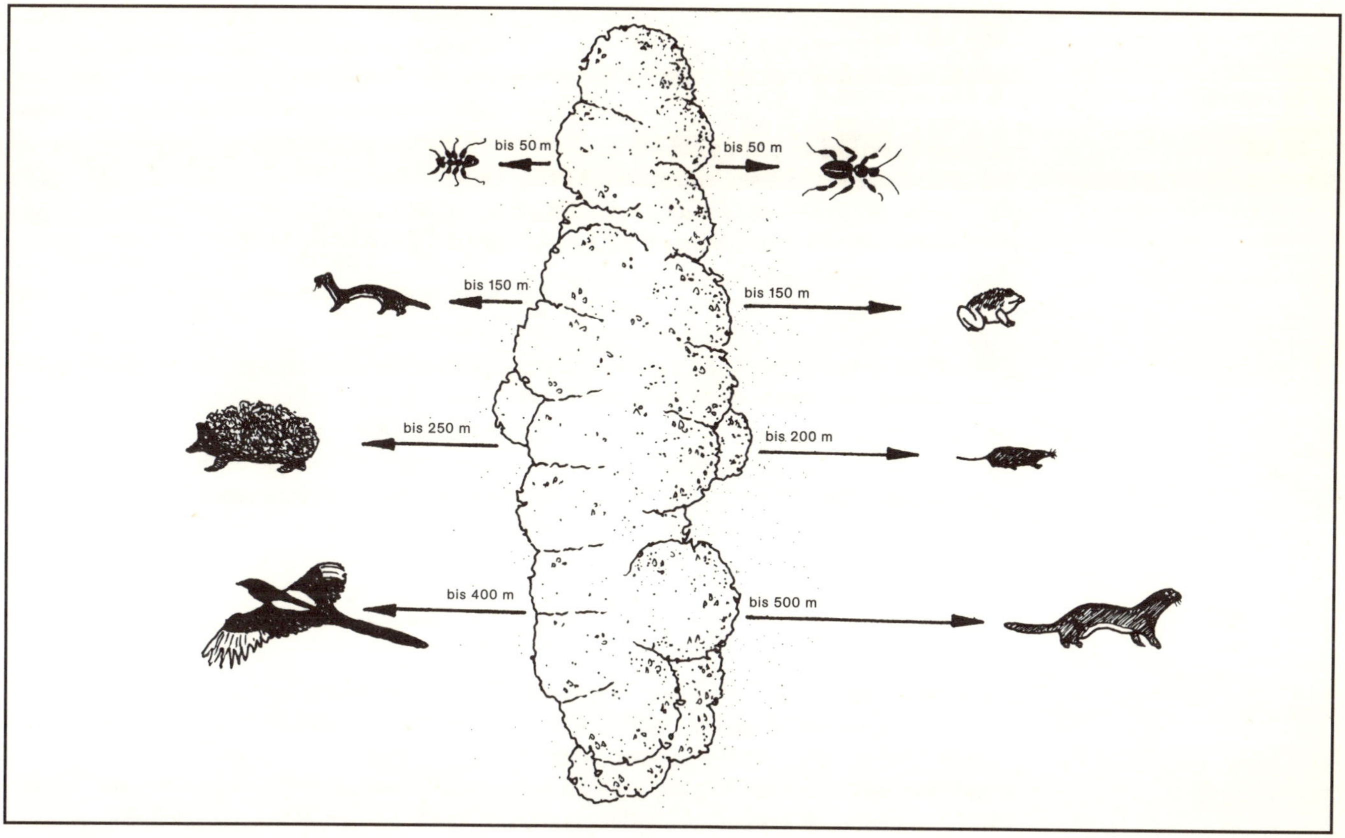

Beziehung einiger gehölzbewohnender Tiere zur Feldflur: Hecken und Feldgehölze werden von zahlreichen Arten bewohnt, die auf der Nahrungssuche oft weitreichende Streifzüge in die angrenzenden Äcker und Wiesen unternehmon. Dic Pfeile mit den Zahlenangaben bezeichnen die ungefähren maximalen Aktionsradien.

4.5 NATURNAHE WÄLDER

Sie enthalten nur heimische Holzarten, die meist einzelstammweise genutzt werden. Um sie zu erhalten, werden von den einzelnen Bundesländern unter einheitlichen Rahmenbedingungen Naturwaldreservate eingerichtet. Sie sollen einen hohen Natürlichkeitsgrad der Bewaldung aufweisen, die Flächengröße 5 ha möglichst nicht unterschreiten, jegliche forstwirtschaftliche Nutzung wird eingestellt und eine Pufferzone zur Ausscheidung von Randwirkungen und anderen Störfaktoren angelegt. Mit einem bundesweiten Programm zur Schaffung von Naturwaldreservaten sollen möglichst alle natürlichen und naturnahen Lebensgemeinschaften des Waldes mit ihren Böden, den Pflanzen- und Tiergesellschaften in ökologisch wirksamen Flächengrößen gesichert werden.

Das Bundeswaldgesetz regelt die Ausweisung von Naturwaldreservaten nicht generell. Deshalb haben sie in den einzelnen Bundesländern auch unterschiedliche Bezeichnungen. Naturwaldreservate werden z.B. in Baden-Württemberg als Bannwälder, in Nordrhein-Westfalen, Rheinland-Pfalz und im Saarland als Naturwaldzellen bezeichnet.

4.6 EXTENSIV GENUTZTE ÄCKER

Die Wildkrautflora unserer Äcker wurde durch die Intensivierung der Landwirtschaft, vor allem durch den Einsatz von sogenannten Unkrautbekämpfungsmitteln (Herbiziden) und durch Mineraldüngung besonders stark betroffen. So stehen von 380 Wildkrautarten, die auf heimischen Äckern vorkommen könnten, 79 auf der Roten Liste. Durch die intensivere Bewirtschaftung wurde die Artenzahl auf den einzelnen Feldern um 50 % reduziert. Um dem Artenschwund entgegenzuwirken, wird beispielsweise in Baden-Württemberg versucht, an besonders artenreichen Äckern ungedüngte und ungespritzte Randstreifen einzurichten oder ganze Äcker als Feldflorareservate einer extensiven Nutzung zuzuführen. Die betroffenen Landwirte erhalten für den Ertragsausfall eine Entschädigung. Ähnliche Programme gibt es in anderen Bundesländern.

4.7 HECKEN UND RAINE

Diese Bereiche der Agrarlandschaft werden extensiv bewirtschaftet, indem man sie von Zeit zu Zeit auslichtet. Sie enthalten deshalb eine Vielfalt an Arten, die die angrenzenden Felder aufsuchen und dort dazu beitragen, das biologische Gleichgewicht zu erhalten.

4.8 HEIDE

Heide (Halbtrockenrasen) sind extensiv genutzte Wiesen oder Weiden auf flachgründigen, meist kalkhaltigen Böden ehemaliger Waldstandorte. Die blumenreichen, einmal im Jahr gemähten und nicht gedüngten Halbtrokkenrasen (Mähder) sind sehr selten geworden. Die Wacholderheiden prägten als Schafweiden vor allem das Landschaftsbild der Schwäbischen Alb. Die Schafzucht ist dort in den letzten Jahrzehnten wegen der im Ausland billiger erzeugten Schafwolle sehr zurückgegangen. Dadurch sind sehr viele ehemalige Wacholderheiden mit Büschen zugewachsen und gehen langsam in einen Wald über. Besonders artenreiche und wertvolle Bestände werden von den Pflegetrupps der Bezirksstellen für Naturschutz und Landschaftspflege, teils auch von Naturschutz treibenden Vereinen und Verbänden gepflegt, indem die überschüssigen Bäume und Sträucher herausgehauen und entfernt werden.

4.9 STREUOBSTWIESEN

Auf den meist dorfnahen Wiesen haben die Bauern Obstbäume gepflanzt, die im Gegensatz zu den Intensivkulturen nur sehr selten oder gar nicht gespritzt werden. Dort hat sich ein reiches Tierleben entwickelt; vor allem Singvögel finden reichlich Nahrung und nisten in Baumhöhlen. Einige der Streuobstwiesen wurden inzwischen unter Naturschutz gestellt.

4.10 BIOTOPKARTIERUNG

Zahlreiche Städte, Gemeinden und Landkreise haben Biotopverbundprogramme gestartet und damit begonnen, Flächen für die Anlage neuer Lebensräume aufzukaufen. Ziel ist es, möglichst vielfältige, der jeweiligen Region entsprechende Landschaftselemente neu anzulegen bzw. zu sichern und somit wieder ein buntes und intaktes Landschaftsmosaik entstehen zu lassen.

Man kann biologisch-ökologisch wertvolle Biotope nur schützen, wenn man ihre Verbreitung kennt. So wird in Baden-Württemberg zum Beispiel seit 1977 eine Biotopkartierung durchgeführt (in den anderen Bundesländern gibt es ähnliche Projekte). Inzwischen sind landesweit über 20 000 Biotope kartiert und mit Erhebungsbögen erfaßt worden (siehe KURSPROGRAMM). Die Auswertung der Biotopkartierung durch die Naturschutzbehörden hat folgende Bedeutung:

- Sie gibt Hinweise für landschaftspflegerische Maßnahmen: Pflege von Wacholderheiden, Mähen von Streuwiesen.
- Anhand der Biotopkarten können bei geplanten Eingriffen in die Landschaft biologisch-ökologisch wertvolle Biotope geschont werden, z. B. beim Verlegen von Gas- und Ölleitungen, beim Gewässer- und Straßenbau, bei der Erstellung landschaftspflegerischer Begleitpläne sowie von Bebauungs- und Flächennutzungsplänen.
- Die Biotopkarte hilft beim Ankauf und beim Ausweisen von Schutzgebieten: Landschaftsschutzgebiete, Naturschutzgebiete, Naturdenkmale, Bann- und Schonwälder, Feldflorareservate und Ackerrandstreifen.
- Artenschutz ist letztlich nur durch Biotopschutz möglich. Damit sich Pflanzen und Tiere ausbreiten können, müssen extensiv genutzte Flächen, d. h. die biologisch-ökologisch wertvollen Biotope, miteinander in lokkerer Verbindung stehen: man spricht hier von einer Vernetzung der Biotope (Biotopverbundsystem). Wo dies nicht der Fall ist, müssen in den ›Lücken‹ entsprechende Biotope z. B. durch Pflanzung von Bäumen und Hecken geschaffen werden.
- Es ist von Bedeutung, daß nicht nur Einzelausweisungen besonders gefährdeter Biotope in Naturdenkmale, Naturschutz- und Landschaftsschutzgebiete, sondern landesweit eine Sicherung aller noch vorhandenen naturnahen Flächen und die Schaffung großräumiger vernetzter Regenerations- und Ausgleichsflächen angestrebt wird.

5. BIOSPHÄRE – DAS GESAMTÖKOSYSTEM DER ERDE

Der Mensch ist durch sein technisches Handeln nicht nur in der Lage, einzelne Biotope und Ökosysteme regional zu verändern bzw. sogar zu vernichten, sondern auch global. Umweltbeeinflussung und Umweltverschmutzung haben mittlerweile Ausmaße angenommen, die nicht mehr nur lokal begrenzt sind: die Luftverschmutzung kennt keine politischen Grenzen; atomare Strahlung verringert sich teilweise in Halbwertszeiten, die menschliche Zeitdimensionen sprengen; die rücksichtslose Rodung der südamerikanischen Regenwälder hat Auswirkungen auf das gesamte Weltklima ...

Die Vernetzung verschiedener Ökosysteme macht das folgende Schaubild deutlich:

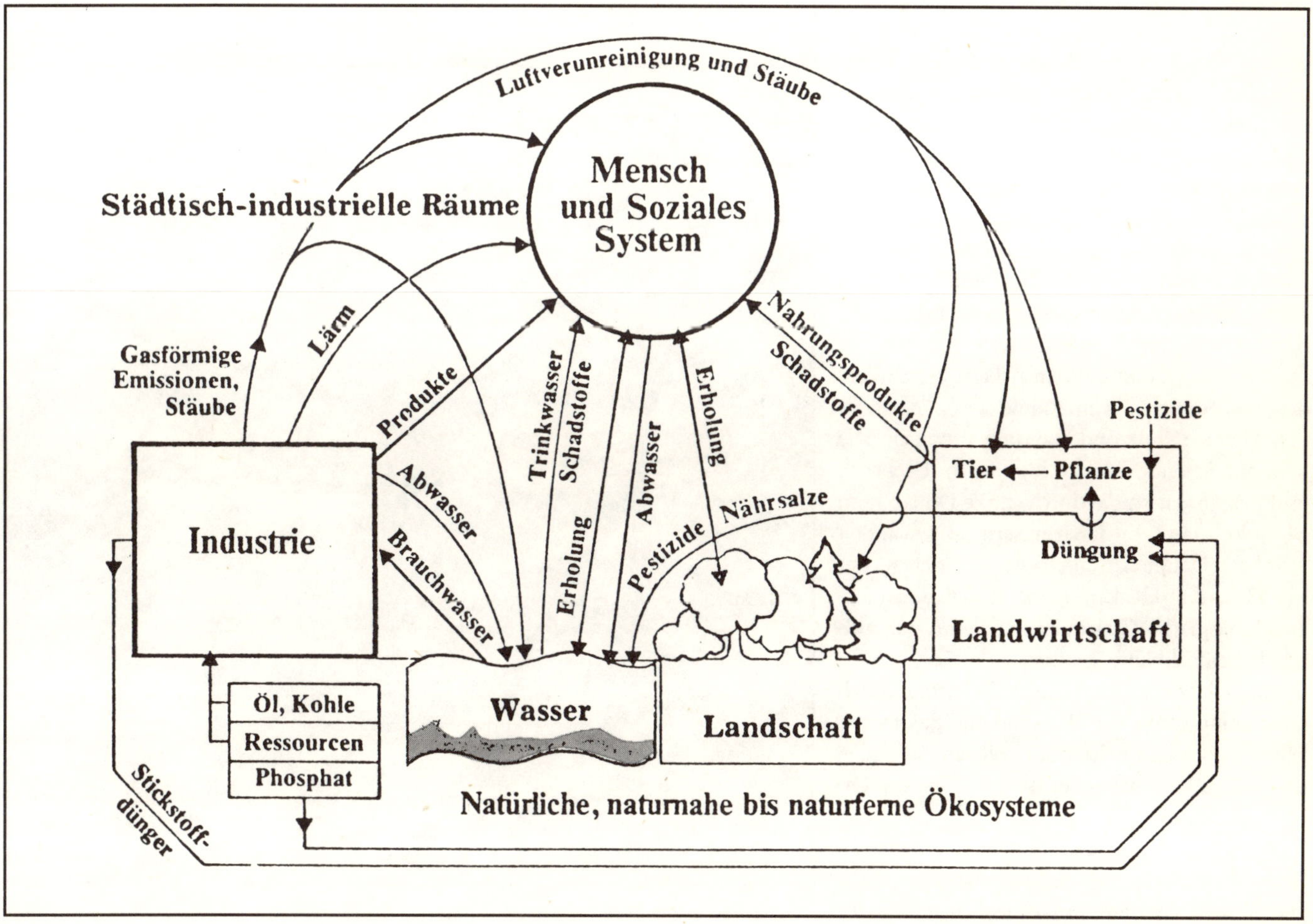

Schema der Beziehungen zwischen den Ökosystemtypen mit ausgewählten Stoffströmungen und gegenseitiger Beeinflussung. In Anlehnung an den Sachverständigenrat für Umweltfragen, 1978, nach einer Grafik des Deutschen Institutsverlags (iwd) 5/1980.

Wie sich die drei physikalischen Umweltbereiche: Erde (Landschaft und Boden), Wasser und Luft durch menschliche Einwirkungen zur Zeit verändern, wird im folgenden kurz skizziert.

5.1 ERDE: LANDSCHAFTSVERBRAUCH UND BODENVERÄNDERUNG

Vor dem stärkeren Eingreifen des Menschen in die Landschaft seit der Jungsteinzeit war die Landschaft in Mitteleuropa mit Laubwald bedeckt, in höheren Lagen auch mit Mischwald aus Laub- und Nadelhölzern. Nur Felsen, Sümpfe, Moore, Flüsse und Seen waren in der Urlandschaft waldfrei. Seit dem Beginn des Ackerbaus und der Viehzucht vor etwa 4000 bis 6000 Jahren hat der Mensch die Landschaft stark verändert. Wälder wurden gerodet und in Äcker und Wiesen umgewandelt, Dörfer und Städte wurden gebaut: Eine Kulturlandschaft entstand. Zwischen Wiesen und Äckern gab es noch bis in dieses Jahrhundert viele Hecken und Trockenrasen, ungenutzte Raine, Quellmoore, Streuwiesen und naturnah belassene Fluß- und Seeufer. Die starke Zunahme der Bevölkerung seit dem letzten Jahrhundert in Verbindung mit dem technologischen Fortschritt der Industrialisierung bewirkte eine Ausdehnung der Dörfer und Städte, Industrieanlagen und Verkehrswege. Der Bau von Eisenbahnen, Straßen und Flugplätzen steigerte den Landschaftsverbrauch, und auch die Freizeitgesellschaft fordert ihr Opfer: Sport- und Freizeitanlagen haben einen nicht unwesentlichen Anteil an der Verbauung von Naturlandschaften. In den letzten Jahrzehnten wurde immer mehr Landschaft verbraucht. Besonders drastisch wirkt sich dies in den Ballungsräumen aus, wie das Beispiel Marbach a. N. aus dem Mittleren Neckarraum (Baden-Württemberg) zeigt.

Aber Landschaft wurde nicht nur verbaut, sie wurde auch verändert. Bei der Flurbereinigung wurden maschinengerechte Großparzellen angelegt, wobei Hecken, Feldraine und Feuchtgebiete verschwanden. Damit war vielen Pflanzen und Tieren der Lebensraum genommen. Die Äcker wurden mit Bioziden behandelt; dadurch wurden nicht nur ›Unkraut‹ und ›Schädlinge‹ vernichtet, sondern es starben außer den sogenannten Nutzpflanzen auch fast alle übrigen Pflanzen und Tiere: eine Kultursteppe entstand. Unterstützt durch Mineraldüngung und Züchtung neuer Sorten konnten die Erträge auf das Zehn- bis Zwanzigfache gesteigert werden. Da die Wildkräuter auf den Äckern verschwanden, wurde auch den am Rande der Äcker lebenden Tieren Schutz und Nahrung entzogen. Die blumenreichen Wiesen sind durch Umbruch und Neuansaat sowie durch starke Düngung in Monokulturen von Obergräsern umgewandelt worden. Damit ist auch das Tierleben der benachbarten Hecken stark zurückgegangen. Das biologische Gleichgewicht der Agrarlandschaft ist nachhaltig gestört.

Parallel zur Landschaftsveränderung durch Überbauung und zur Verwendung chemischer Mittel in der Landwirtschaft vollzieht sich auch eine Verschlechterung der Böden. Das hat mehrere Ursachen:

Während beim traditionellen extensiven Ackerbau die angebauten Nutzpflanzen und die gehaltenen Nutztiere ausschließlich dem Nah-

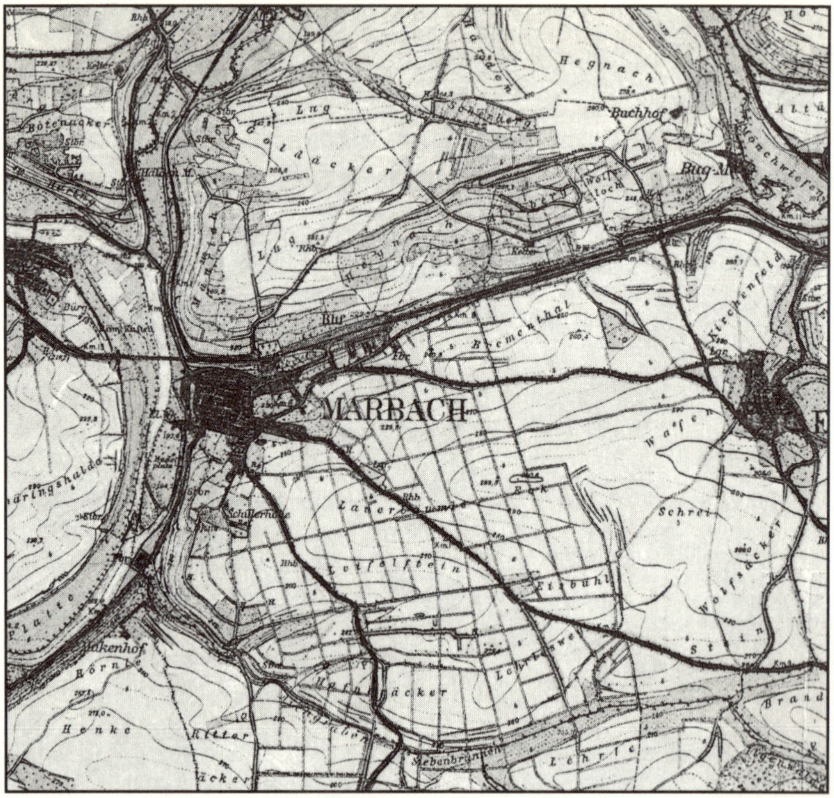

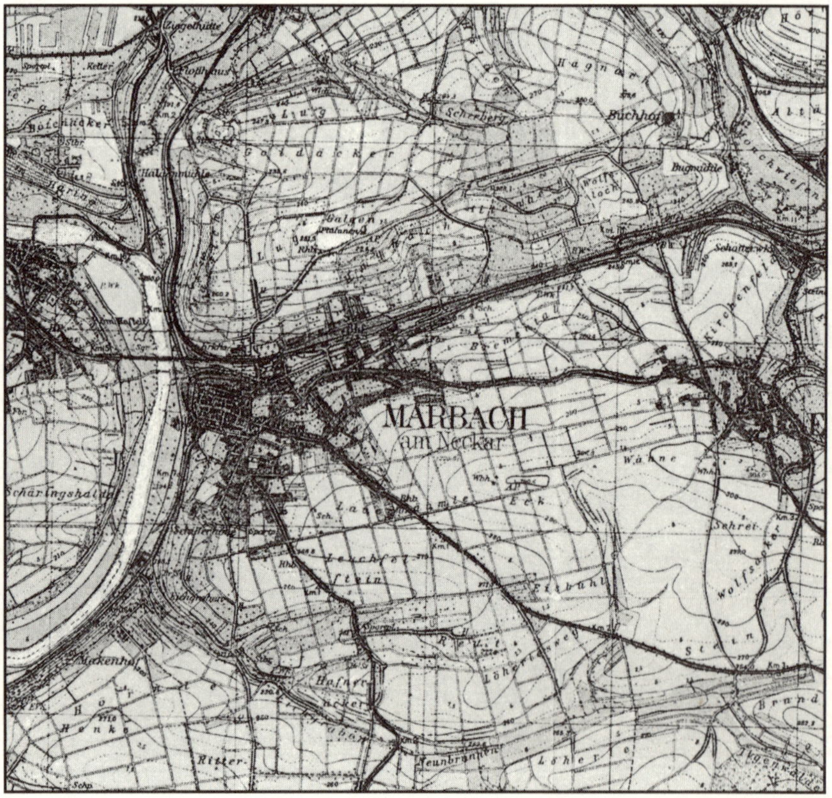

rungsbedarf des Landwirts selbst zugute kamen und die entnommenen Mineralstoffe als Müllkompost und organischer Dünger den Feldern wieder zugeführt wurden, müssen die produktionsorientierten Betriebe mehr produzieren, als ihr eigener Bedarf ausmacht. Dazu hat sich der Landwirt als Ackerbauer oder Viehzüchter spezialisiert. Der Ackerbauer düngt mit Mineraldünger und bekämpft die Schädlinge mit Bioziden, welche die Böden, die Nahrung und das Trinkwasser belasten. Der Viehzüchter kauft Viehfutter ein, behandelt die Tiere mit Antibiotika und unter Umständen mit Hormonen und muß den Dung und die Gülle als Abfall entsorgen. Dadurch wird der Kreislauf der Stoffe stark gestört.

Die Bearbeitung der Felder mit schweren Traktoren verdichtet den Boden, stört damit das Bodenleben und führt zu Wasserstau, d. h. der Boden kann das Wasser nicht mehr aufnehmen.

Die Rodung der Wälder und die Vernichtung einer geschlossenen Pflanzendecke führt zu einer verstärkten Abschwemmung und Verwehung des nährstoff- und humusreichen Oberbodens.

Die drei Kartenausschnitte zeigen den drastischen Landschaftswandel im Randbereich des Verdichtungsraumes Mittlerer Neckar am Beispiel eines Bereichs des Verwaltungsraumes Marbach am Neckar. Oben links: Situation um 1900, unten links: dasselbe Gebiet etwa um 1950 und oben rechts: der Verwaltungsraum Marbach mit seiner völlig zersiedelten Situation im Jahr 1985. Zwischenzeitlich sind weitere Baugebiete entstanden und weitere Planungen für die Nutzung von Wohn- und Gewerbegebieten in Vorbereitung. Aus: Reinhard Wolf: *Landschaftswandel,* Ludwigsburger Geschichtsblätter, Heft 38, 1985.

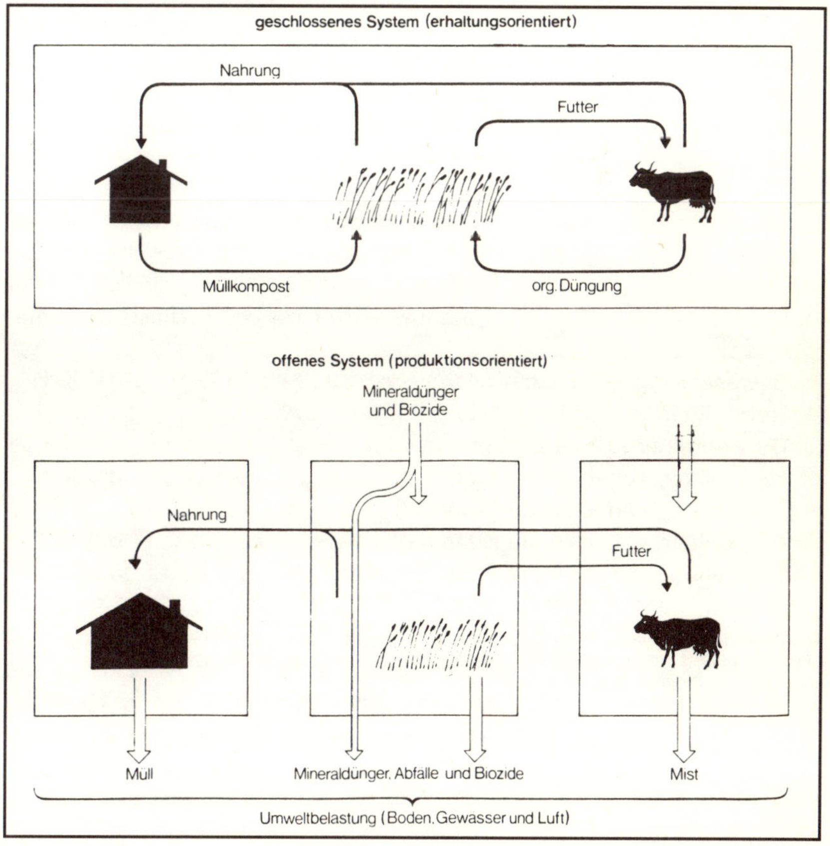

Vergleich der Umweltbelastung bei einem *erhaltungsorientierten* und einem *produktionsorientierten* Betrieb. Verändert nach: Wülker, W.: »Die großen Kreisläufe der Natur«, in: *Funkkolleg Biologie.* Studienbegleitbrief 9, DIFF, Tübingen 1974, S. 36.

Diese beiden letztgenannten Punkte sind auch der häufigste Grund für Erosionen und Überschwemmungen.

Durch den sauren Regen nimmt der Säuregehalt des Bodens zu. Dieser bewirkt, daß Aluminium und giftige Schwermetalle aus ursprünglich unschädlichen chemischen Verbindungen gelöst werden, wodurch die Pflanzen geschädigt und Nahrungsmittel vergiftet werden (z. B. ist der Schwermetallgehalt von Pilzen derart hoch, daß vor dem Verzehr dringend gewarnt wird).

5.2 WASSERVERSCHMUTZUNG UND WASSERVERKNAPPUNG

Aus dem Meer, aus Seen und Flüssen, von der Landoberfläche und vor allem durch die Vegetation verdunstet Wasser, welches als Niederschlag wieder auf die Erdoberfläche zurückkehrt. Ein Teil fließt oberflächlich ins Meer, ein Teil versickert ins Grundwasser, ein Teil bleibt zunächst in den oberen Bodenschichten und kehrt über die Verdunstung direkt in den Wasserkreislauf zurück (siehe Grafik im ARBEITSPROGRAMM).

Der Mensch greift immer nachhaltiger in diesen Kreislauf ein, indem er Wälder rodet, die Landschaft durch Überbauung *versiegelt* und dadurch den Oberflächenabfluß des Wassers verstärkt und somit die Verdunstung verringert.

Gleichzeitig wird dem Boden durch den vermehrten Wasserverbrauch in Haushalt – der tägliche durchschnittliche Wasserbedarf pro Einwohner in der Bundesrepublik liegt bei 150 Liter (Industriebedarf nicht eingerechnet) wobei nur 3 Liter als Trinkwasser verwendet werden –, Industrie und Landwirtschaft Wasser entzogen, was zu Grundwasserabsenkung und Qualitätsverschlechterung des Wassers führt. Dieses Brauch- und Nutzwasser wird – häufig nur unzureichend – gereinigt in die Flüsse und Bäche zurückgeführt, wodurch ebenfalls die Verdunstung verringert wird. Trotz Kläranlagen nimmt die Verschmutzung des Wassers immer noch zu – insbesondere durch chemische Stoffe –, was zur Folge hat, daß die Wasserentnahme sauberen Wassers immer näher an die Quelle rückt und für Boden und Grundwasser immer weniger Wasser übrigbleibt.

Bewässerung eines Gewächshauses (1.000 m^2 je Tag)	10.000 l
Herstellung von 1 l Bier	20 l
Gerben einer Kuhhaut	2.500 l
Herstellung von 1 Tonne Koks	8.000 l
Herstellung von 1 Tonne Stahl	25.000 l
Herstellung von 1 Tonne Kunststoff	500.000 l
Herstellung von 1 Tonne Schreibpapier	1.000.000 l

Wasserverbrauch bei der Herstellung von einzelnen Produkten im Vergleich

5.3 LUFTVERSCHMUTZUNG UND KLIMAVERÄNDERUNG

Grüne Pflanzen erzeugen durch die Photosynthese Sauerstoff, der von nichtgrünen Pflanzen, Tieren und dem Menschen für die Atmung aufgenommen wird. Der Sauerstoff, mit 21 % der zweithäufigste Stoff in der bodennahen Luftschicht, ist im Laufe der Erdgeschichte durch die Photosynthese der grünen Pflanzen freigesetzt worden. Der Stickstoff ist mit 78 % das häufigste Gas in der bodennahen Erdatmosphäre. Er ist sehr reaktionsträge, kann aber von manchen Bakterien gebunden und von anderen wieder freigesetzt werden. Das Kohlenstoffdioxid ist in den bodennahen Luftschichten nur zu etwa 0,03 % enthalten. Treten hier Veränderungen in der Häufigkeit auf, so wirkt sich das verhältnismäßig stark aus.

Die von den Lebewesen als organische Substanz gebundenen Kohlenstoff-, Schwefel- und Stickstoffverbindungen wandelten sich im Laufe der Erdgeschichte in fossile Brennstoffe, d. h. Braunkohle, Steinkohle, Erdöl und Erdgas um. Durch das Wachsen der Erdbevölkerung und die Industrialisierung ist der Energiebedarf stark gestiegen, der größtenteils durch Verbrennung fossiler Brennstoffe gedeckt wird. Dadurch wird die Luft mit Schwefeldioxid (vor allem durch Kraftwerke), Stickstoffoxiden, Kohlenstoffmonoxid und Kohlenwasserstoffen (vor allem durch den Verkehr) sowie Stäuben belastet. Sauerstoff wird dabei verbraucht, es entsteht auch Kohlenstoffdioxid. Die Luft wird zunächst vor allem in den Ballungsräumen belastet. Durch die Winde findet aber weltweit ein Luftaustausch statt. So sind die durch die Luftverschmutzung mitverursachten Erscheinungen des Waldsterbens auf der nördlichen Halbkugel der Erde weit verbreitet.

Das Kohlenstoffdioxid ist in den letzten hundert Jahren weltweit von 0,029 % auf 0,035 % angestiegen. Klimatologen nehmen an, daß durch die Zunahme des Kohlenstoffdioxids in

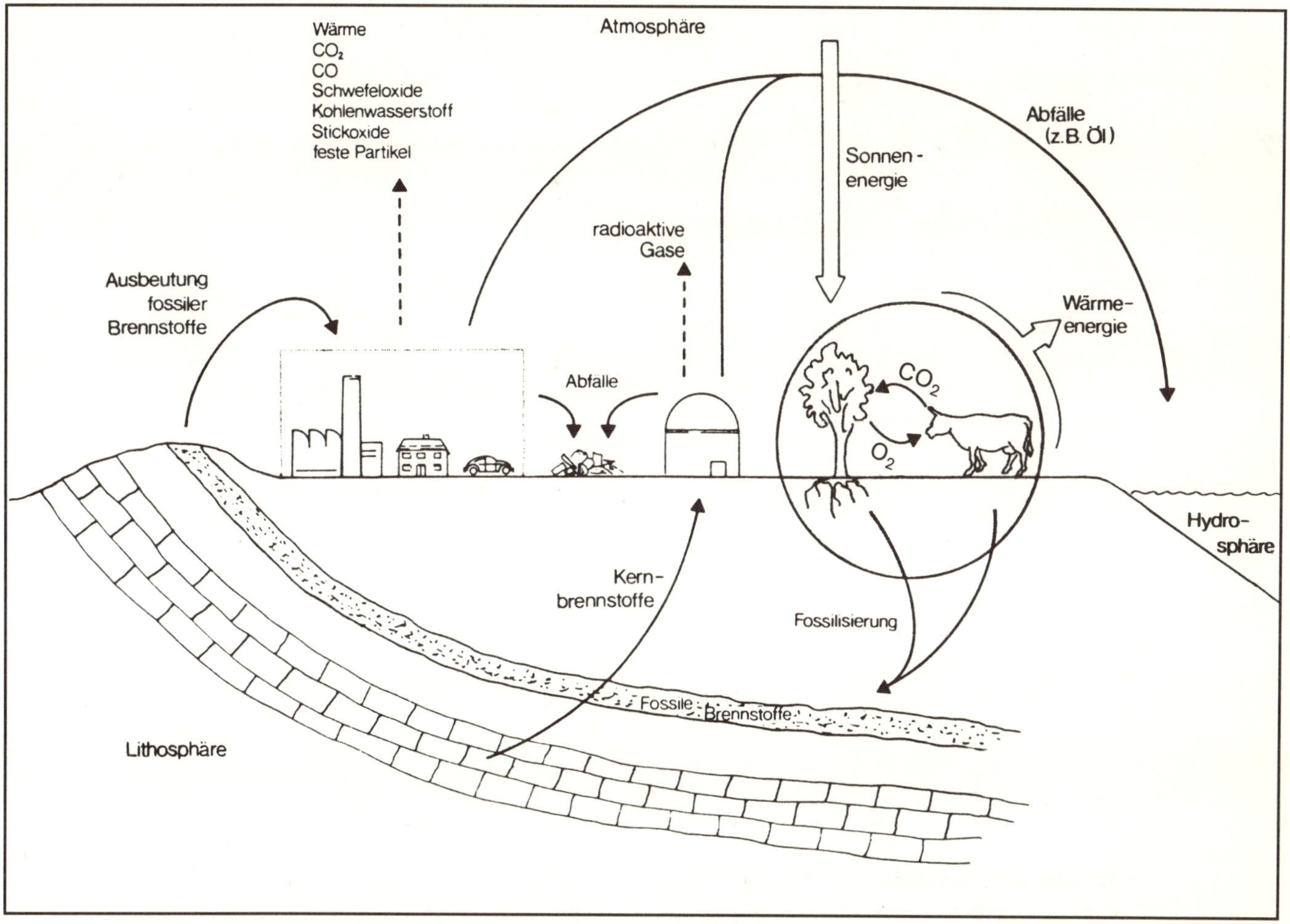

Stoffkreisläufe und Belastungen der Atmosphäre. Verändert nach: Wülker, W.: »Die großen Kreisläufe in der Natur«, in: *Funkkolleg Biologie.* Studienbegleitbrief 9, DIFF, Tübingen 1974, S. 30.

den bodennahen Luftschichten die von der Erde abgestrahlte Wärme besser zurückgehalten wird (Treibhauseffekt) und daß sich dadurch die Temperatur an der Erdoberfläche um einige Grad Celsius erhöhen wird, was sich auf viele Lebensräume der Erde stark auswirken wird; so wird z. B. vorausgesagt, daß der Meeresspiegel weltweit um einige Meter ansteigen wird. Wissenschaftler haben erforscht, daß die farb- und geruchsfreien Gase, die Fluor-Chlor-Kohlenwasserstoffe (FCKW) die Ozonschicht der oberen Erdatmosphäre (Stratosphäre) in etwa 30 km Höhe zerstören. Diese Ozonschicht schützt die Erde vor dem kurzwelligen, energiereichen Anteil des Sonnenlichts, sie 'filtert' die ultraviolette Strahlung.

Der bedrohliche Rückgang des Ozongehalts der Stratosphäre ist auf den steigenden Einsatz von FCKW (als Treibgas, zur Herstellung von Schaumstoffen, als Kälte- und als Lösungsmittel) zurückzuführen; die FCKW brauchen etwa 10–20 Jahre, bis sie die Ozonschicht erreichen. Dort reagieren sie unter Einfluß der energiereichen UV-Strahlung mit dem Ozonsauerstoff, was dessen Zerstörung zur Folge hat.

Können die UV-Strahlen 'ungefiltert' zur Erdoberfläche gelangen, so erhöht sich die Temperatur, und die Lebewesen werden geschädigt.

Welche katastrophalen Auswirkungen unser ›sorgloser‹ Umgang mit der Natur letztendlich hat, wird also erst in den kommenden Jahren mit aller Deutlichkeit sichtbar und spürbar werden.

Arbeitsprogramm

A

Mini-Lex

Der gesuchte Begriff ist ein Grundbegriff der Ökologie. Er faßt Biotop und Lebensgemeinschaft zu einer Einheit zusammen. Diese – mit dem gesuchten Begriff bezeichneten – Einheiten können unterschiedliche Ausdehnungen haben, stellen aber immer natürliche Einheiten aus lebenden und nichtlebenden Teilen dar. Die Umweltverschmutzung zeigt deutlich an, daß sich diese Einheit in einer Krise befindet.

Der gesuchte Begriff lautet:

____

B

Das Bild zeigt einen – sehr vertrauten – Teil menschlicher Umwelt: ein Wohnzimmer.

Versuchen Sie, Elemente des Bildes den Umweltfaktoren zuzuordnen:

a) abiotische Faktoren:

____

____

b) biotische Faktoren:

____

____

c) soziale und kulturelle Faktoren:

____

____

C

Lückentext

In dem untenstehenden Lückentext sind die nachfolgenden Begriffe vergessen worden; versuchen Sie, diese einzufügen.

übereinstimmen – Wechselwirkungen – Fortpflanzungsgemeinschaft – ökologische – Nachkommen – Arten – Gruppe – komplexer – Vermischung

__________ Betrachtung wird von Ebene zu Ebene __________ und ist nicht eindimensional; sie bezieht sich auf die __________ von allen Elementen des Systems Umwelt. Hierbei ist besonders die Ebene der __________ von Lebewesen von besonderer Wichtigkeit.
Eine Art ist eine __________ von Individuen, die in allen wesentlichen Merkmalen untereinander __________ Nur diese können miteinander fruchtbare __________ hervorbringen: die Art bildet eine __________.
Eine __________ von Arten findet selten statt.

D

Welche biologisch-ökologisch wertvollen Biotope werden hier gezeigt?

Ordnen Sie die aufgeführten Begriffe den entsprechenden Fotos zu.

Weiher – Moor – Laubwald – Streuobstwiese – Heide (Halbtrockenrasen) – extensiv genutzte Ackerrandstreifen

E

7 aus 16

Sieben von den folgenden sechzehn Arten sind ausgestorben oder extrem selten. Streichen Sie die entsprechenden Arten durch.

1. Rotkehlchen	9. Forelle
2. Bisamratte	10. Lachs
3. Rothuhn	11. Blindschleiche
4. Roter Milan	12. Wasserfrosch
5. Schwarzstorch	13. Kreuzotter
6. Steinsperling	14. Moorfrosch
7. Eichelhäher	15. Feldhase
8. Stör	16. Weinbergschnecke

F

Suchbild

In der Abbildung ist der Wasserkreislauf vereinfacht dargestellt. Ergänzen Sie das Schema, indem Sie die Buchstaben im Bild den untenstehenden Begriffen zuordnen.

G

Noch um die Jahrhundertwende bezeichnete man Wasser als *freies* Wirtschaftsgut, welches in ausreichenden Mengen vorhanden war und deshalb keinen Marktpreis besaß. In der Zwischenzeit ist Wasser durch die Verdopplung der Bevölkerung, das gesteigerte Hygienebewußtsein, das geänderte Konsumverhalten und die Ausweitung der industriellen Produktion zu einem knappen Gut geworden.

Die folgende Grafik zeigt die Verwendung des Trinkwassers im Haushalt; versuchen Sie, die angezeichneten Mengen der jeweiligen Verwendung zuzuordnen.

(1) Toilettenspülung
(2) Autowäsche
(3) Baden und Duschen
(4) Trinken und Kochen
(5) Geschirr spülen
(6) Wäsche waschen

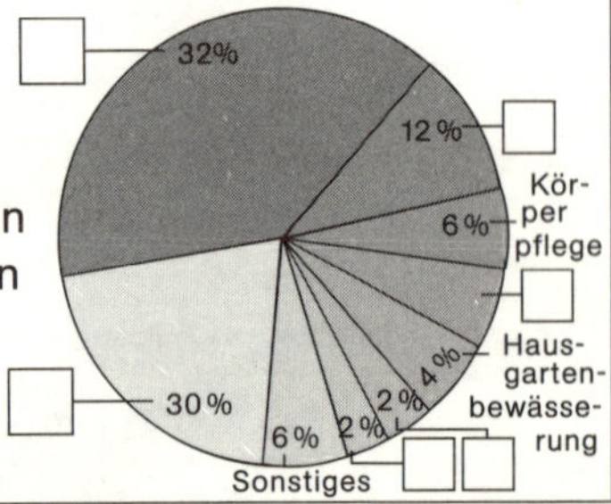

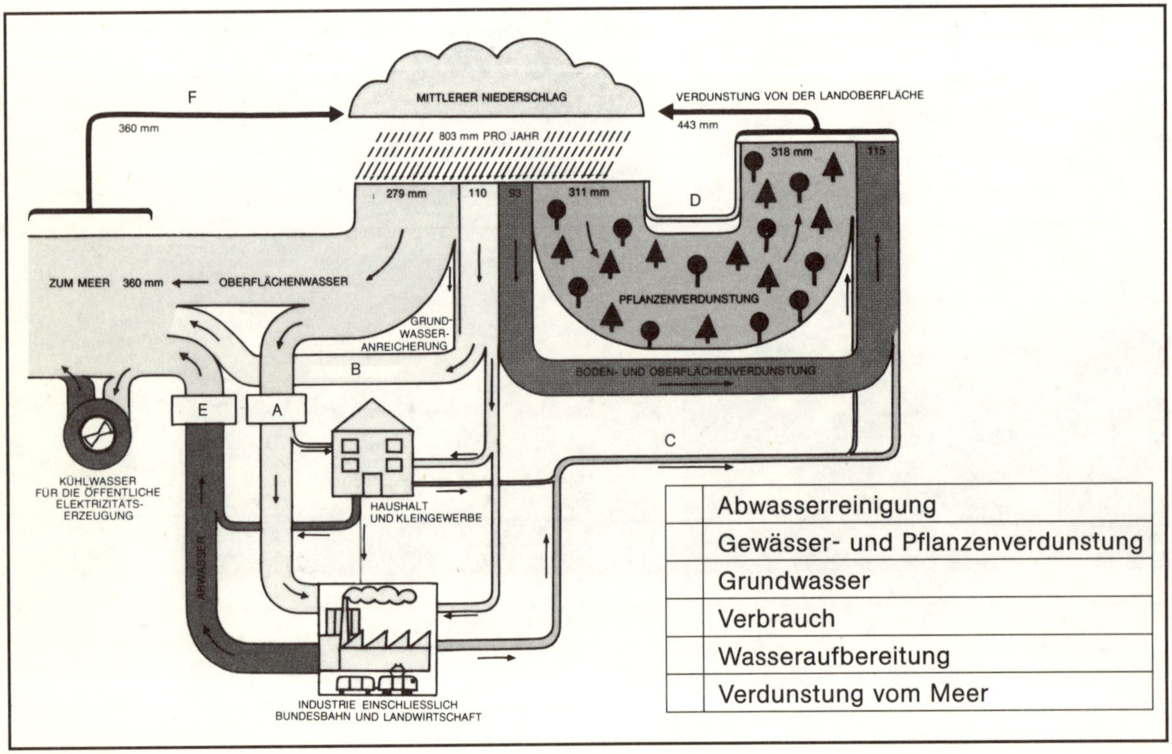

	Abwasserreinigung
	Gewässer- und Pflanzenverdunstung
	Grundwasser
	Verbrauch
	Wasseraufbereitung
	Verdunstung vom Meer

Aus: Ministerium für Umwelt Baden-Württemberg (Hrsg.): *Umweltschutz in Baden-Württemberg. Wasser.* Stuttgart 1987, S. 23.

KURSPROGRAMM

A

Satzpuzzle

In den zwei Kästchen sind zwei Sätze durcheinandergewirbelt.
Wie stehen Sie zu deren Aussage?

letzte nicht Erst
essen der vergiftet
Fisch ist
letzte ihr
gerodet Fluß
daß gefangen
Geld
man kann werdet feststellen der
letzte der wenn Baum

Sprichwort der Siouxindianer

Vätern Erde von Wir
nicht geerbt sie
geliehen
wir haben unseren
Kindern die
unseren von haben

Sprichwort der Amish-People

B

Vier-Ecken-Spiel

Dieses Spiel stammt aus der gruppendynamischen Tradition und wurde entsprechend umgearbeitet. Es will insbesondere die Entscheidungsfähigkeit trainieren, indem vom einzelnen eine schnelle Reaktion in allgemein sichtbarer Form erwartet wird. Das Spiel setzt voraus, daß die Entscheidungsvarianten gleichwertig sind und sich die Teilnehmer schon etwas kennengelernt haben. Im Vordergrund steht die Erfahrung, nicht der Inhalt der Entscheidung. Abwechselnd stellt der Spielleiter vier gleichwertige Alternativen zur Entscheidung. Jede Alternative wird in einer Ecke des Zimmers lokalisiert. Die Teilnehmer begeben sich in die Ecke, für die sie sich entschieden haben. Das Spiel hat eine kurze Einstiegsphase und mehrere Durchgänge.

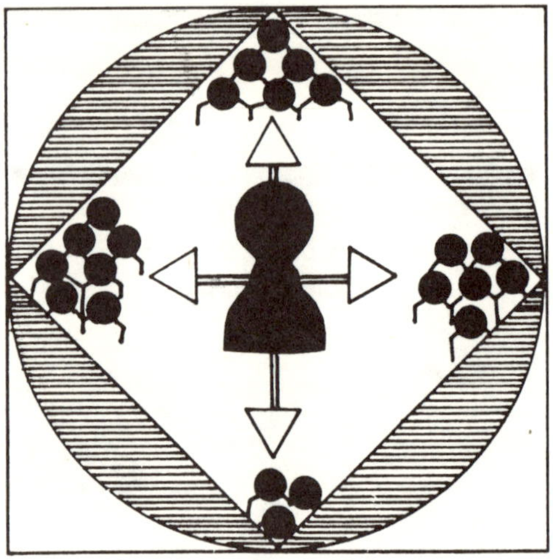

SPIEL	FRAGESTELLUNG	ECKE A	ECKE B	ECKE C	ECKE D
1	Was ist Ihrer Meinung nach am meisten bedroht?	Menschen	Tiere	Natur	Gebäude
2	Was fällt Ihnen zum Begriff Umweltverschmutzung eher ein?	Artensterben	Klimaveränderung	Landschaftsverbrauch	Wasserverschmutzung
3	Wer hat Ihrer Meinung nach am meisten Schuld an der Umweltverschmutzung?	die Industrie	die Politiker	jeder Bürger	Umweltveränderung ist Schicksal
4	Warum verhalten sich Menschen umweltschädigend?	Gewinnstreben	Bequemlichkeit	Gedankenlosigkeit	Lust am Untergang
5	Eine der wesentlichen Ursachen für das Waldsterben ist das KFZ; wie sollte man Ihrer Meinung nach vorgehen?	Tempolimit 100 km/h für alle Autos	Tempolimit nur für Autos ohne Katalysator	Katalysatorpflicht für alle – auch alte – Autos	Ausbau und Verbilligung öffentlicher Verkehrsmittel
6	Wie sollte man die Wasserverschmutzung verringern?	Verbot von Pestiziden in der Landwirtschaft	Wasserpfennig	Rationierung des Wasserverbrauchs	Rückbau versiegelter Bodenflächen und Bachläufe
7	Energieversorgung unter umweltpolitischen Gesichtspunkten sollte geschehen durch	mehr Atomkraftwerke	Kohle- und Ölkraftwerke mit Filtern	*sanfte* Energiegewinnung (z. B. Windmühlen)	Energieeinsparung
8	Was sollte ein umweltbewußter Bürger sinnvollerweise tun:	auf das Auto verzichten	sich umweltpolitisch einmal in der Woche engagieren	keine umweltschädigende Produkte kaufen	gar nichts, da kann man nichts tun

C

Landschaft im Wandel

1. Diese Bilder zeigen die Verwandlung einer Landschaft innerhalb eines Zeitraumes von 100 Jahren. Ordnen Sie jedem der drei Bilder sechs Begriffe aus der folgenden Aufzählung zu!

Einsamkeit – Innovation – Hygiene – Einschränkung – Beweglichkeit – Komfort – Natur – Anstrengung – Zersiedelung – Armut – Aufbau – Obrigkeit – Ungebundenheit – Reichtum – Betonwüste – Arbeitserleichterung – Klassenunterschied – Rückständigkeit

1: ____________ / ____________
____________ / ____________
____________ / ____________

2: ____________ / ____________
____________ / ____________
____________ / ____________

3: ____________ / ____________
____________ / ____________
____________ / ____________

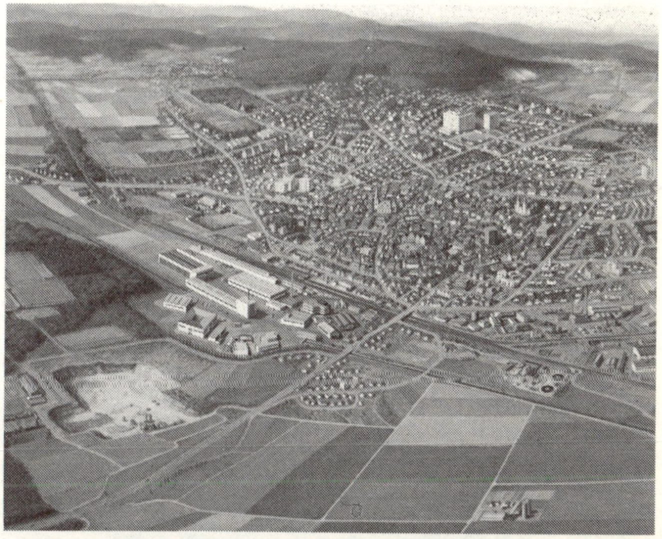

D

Hüpf und entdecke!

Ein Würfelspiel für die ganze Familie.

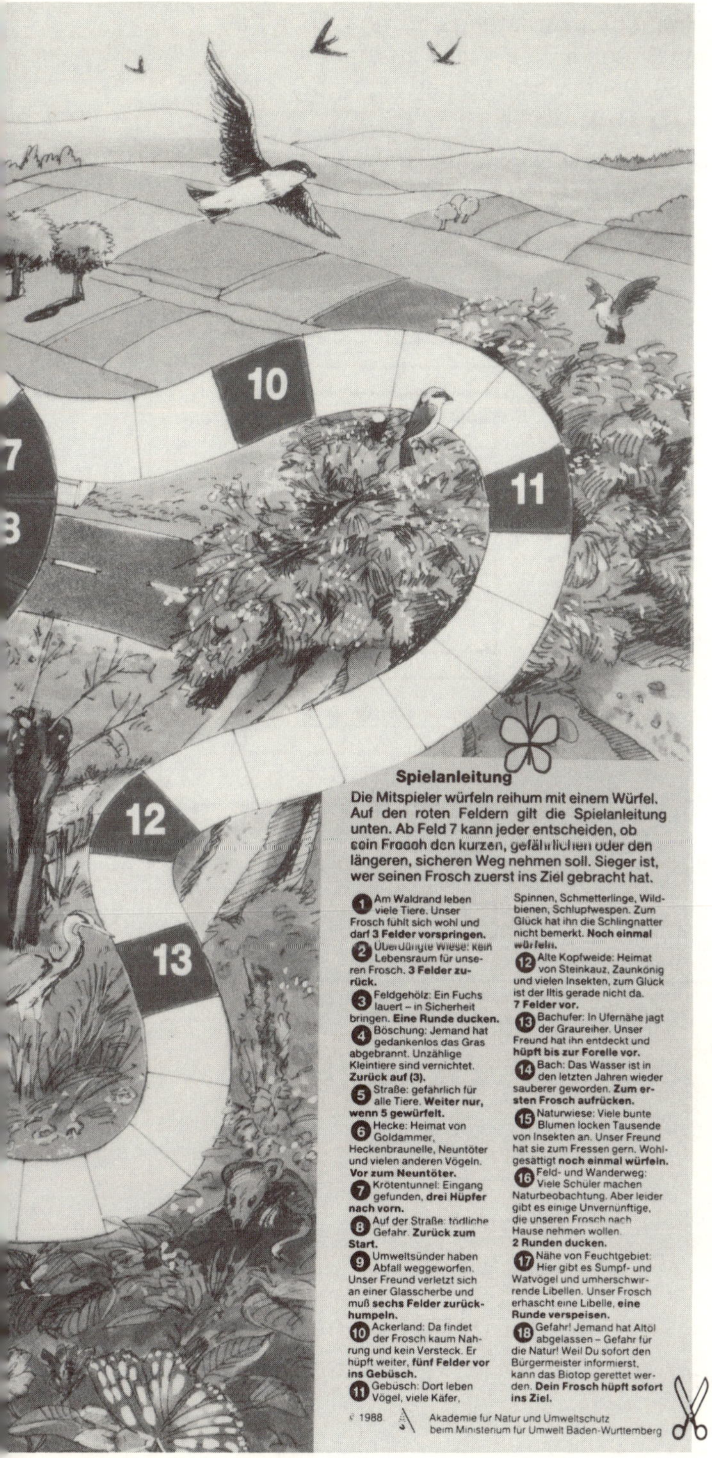

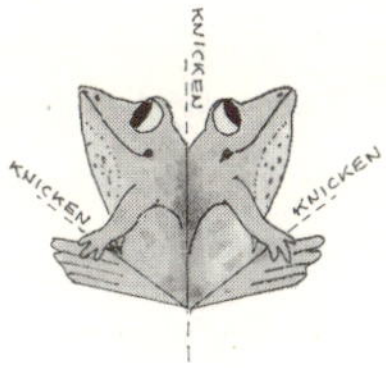

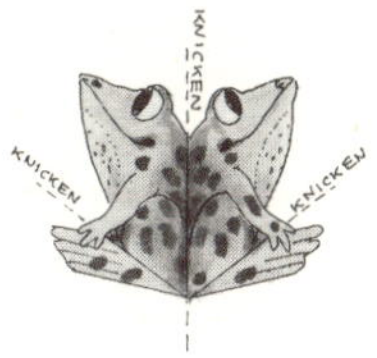

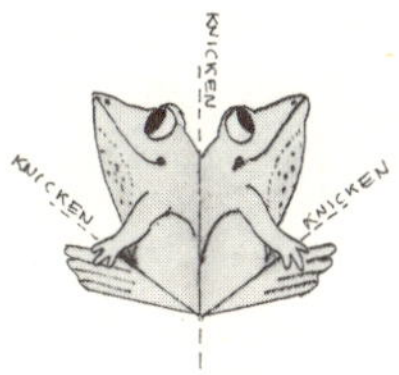

Vorlage für Spielfiguren
zum Selbermachen,
man kann aber
auch ganz normale
Spielkegel nehmen.

E

Lokaltermin

Exkursion:
Für Gruppen, die Zeit und Lust haben, nicht nur über Natur zu reden, sondern sie auch zu erleben.

Nehmen Sie den Erhebungsbogen für eine Biotopkartierung und versuchen Sie, ein Biotop in Ihrer Nähe zu erfassen (z. B. Baumwiese, Vorgarten, Kinderspielplatz, Park, Bäche...)

BIOTOPKARTIERUNG BADEN - WÜRTTEMBERG

Quadrant 1 2 / 3 4 — **Biotopname**		Biotopnummer
Gemeinde	**Kreis**	Gemeindenummer
Naturräumliche Einheit	**Geologie**	Rechtswert Hochwert
Schutzstatus: 00 Nicht bekannt 01 Naturschutzgebiet 02 Naturdenkmal flächenhaft 03 Landschaftsschutzgebiet 04 Geschützter Grünbestand 05 Feuchtgebiet § 16 06 Erhaltungsgebiet ohne Status	07 Bannwald 08 Schonwald 09 Biotop VO erlassen 10 Biotop gestrichen 11 Biotop vernichtet 12 Nicht geschützt 13 Naturdenkmal – Einzelgebilde	Naturraum Geologie Fläche m² Höhe in m von bis
Wertbestimmende Gesichtspunkte: 01 Geschützte und gefährdete Arten 02 Ökologische Gesichtspunkte 03 Botanische Gesichtspunkte	04 Zoologische Gesichtspunkte 05 Schutzfunktionen 06 Kulturgeschichtliches Dokument 07 Erdgeschichtliches Dokument	Schutzstatus derzeit Vorschlag
Gefährdungsart: 100 Nicht gefährdet 101 Straßenbau 102 Industrie 103 Wohngebiet 104 Landwirtschaft intensiv 105 Aufgabe der Landwirtschaft	106 Forstwirtschaft 107 Wasserbau 108 Erholungsnutzung 109 Ablagerungen 110 Abbau 111 Fischerei 112 Sportfischerei	Wertbestimmende Gesichtspunkte Gefährdungsart
Gefährdungsgrad: 0 Nicht erkennbar	1 Mäßig gefährdet 2 Stark gefährdet	Gefährdungsgrad
Pflege: 0 Keine Angabe	1 Pflege erforderlich 2 Pflege nicht erforderlich	Quadrant Pflege

Beschreibung/Zustand

Bearbeiter/Datum

LfU 23

Biotopart-Schlüssel

10 . . Quelle
11 . . Wasserfall
12 . . See
13 . . Weiher/Teich
14 . . Altwasser
15 . . Moorgewässer
16 . . Baggersee
17 . . Stausee
18 . . Wildbach
19 . . Bachlauf
20 . . Graben
21 . . Kanal
22 . . Blockufer
23 . . Steilufer
24 . . Flachufer
25 . . Fluß
26 . . Tümpel/Kleingewässer

30 . . Niederwald
31 . . Mittelwald
32 . . Hochwald
33 . . Altersklassenwald
34 . . Mehrstufiger Wald
35 . . Feldgehölz
36 . . Gehölzstreifen
37 . . Bestand innerhalb größerer Wälder
38 . . Hecken, Gebüsche
39 . . Baumreihen
40 . . Einzelbaum
41 . . Nadelwald
42 . . Laubwald
43 . . Mischwald

50 . . Acker
51 . . Streuobstbestand
52 . . Weinberg
53 . . Brachen
54 . . Fettwiese
55 . . Streuwiese
56 . . Naßwiese/Feuchtwiese
57 . . Magerrasen Kalk
58 . . Magerrasen bodensauer
59 . . Weide

60 . . Flachmoor
61 . . Hochmoor
62 . . Übergangsmoor
63 . . Torfstich
64 . . Moorwald

70 . . Felswand
71 . . Blockhalde
72 . . Steinriegel
73 . . Steinbruch
74 . . Sandgrube
75 . . Kiesgrube
76 . . Kies-/Schotterfläche
77 . . Tongrube
78 . . Düne
79 . . Doline
80 . . Hohlweg
81 . . Höhle
82 . . Kar
83 . . Toteisloch
84 . . Lößwand
85 . . Schlucht, Tobel, Klinge

90 . . Pionierstandorte
91 . . Sandrasen

. . 01 Quellfluren
. . 02 Festwurzelnde Schwimmblattgesellschaften
. . 03 Submerse Wasserpflanzengesellschaften
. . 04 Röhrichte
. . 05 Großseggenbestände
. . 06 Kleinseggenbestände
. . 07 Vegetation der Sand-, Kies- und Schlammbänke
. . 08 Stauden- und Krautverlandung im Uferbereich
. . 09 Gewässerbegleitende Hochstauden-/Ruderalgesellschaft

. . 10 Bodensaure Laub- und Nadelwälder
. . 11 Mesophytische Laubmischwälder
. . 12 Auen- und Uferwälder
. . 13 Bruchwälder
. . 14 Schluchtwälder
. . 15 Wärmeliebende Wälder und Trockengebüsche
. . 16 Mesophytische Gebüsche
. . 17 Feuchtgebüsche
. . 18 Waldmantel
. . 19 Waldsaum

. . 20 Trocken
. . 21 Feucht
. . 22 Kryptogamen
. . 23 Mit Gehölzen
. . 24 Mit Bewirtschaftung
. . 25 Ohne Bewirtschaftung

. . 26 Bult-, Schlenkenvegetation
. . 27 Schwingrasenvegetation
. . 28 Moorweidengebüsch
. . 29 Zwergstrauch- und wollgrasreiche Moorgesellschaften
. . 30 Vegetation wassergefüllter Torfstiche
. . 31 Vegetation wasserfreier Torfstiche
. . 32 Vegetation von Torfabbauflächen
. . 33 Freischwimmende Pflanzengesellschaften
. . 34 Flach
. . 35 Hängig
. . 36 Acidophil
. . 37 Basiphil

Erfaßte Arten (getrennt nach Flora und Fauna)

Literatur

Lernkontrolle

1

Was ist ein Biotop?
- ☐ a) natürlicher, abgrenzbarer Lebensraum von Lebensgemeinschaften
- ☐ b) das Leittier einer Herde
- ☐ c) Endstufe bei der Entwicklung von Arten
- ☐ d) biologische Dimension eines Lebensraumes
- ☐ e) modernes Kleidungsstück (Oberteil)

2

Soziale Faktoren der menschlichen Umwelt sind
- ☐ a) andere Menschen
- ☐ b) soziale Einrichtungen (z. B. Sozialamt)
- ☐ c) Institutionen und Behörden allgemein
- ☐ d) soziale Regeln und Normen
- ☐ e) Tiere, die mit Menschen zusammenleben (z. B. Haustiere)

3

Unter Biosphäre versteht man
- ☐ a) das umfassende Gesamtökosystem der Erde
- ☐ b) die oberste Luftschicht um die Erde
- ☐ c) in der Optik eine besondere Lichtbrechung
- ☐ d) die Verbindung zweier Biotope
- ☐ e) einen bevorzugten Lebensraum von Tieren

4

Von einem biologischen Gleichgewicht spricht man, wenn

____

____

____

5

Was ist die Rote Liste?
- ☐ a) Aufzählung bedrohter Biotope
- ☐ b) Sammlung der Umweltschutzgesetze
- ☐ c) Verzeichnis von Umweltschutzverbänden
- ☐ d) Kandidatenliste ›linker‹ Politiker
- ☐ e) das Verzeichnis der gefährdeten Tiere und Pflanzen

6

Wieviel Wasser verbraucht ein Bürger durchschnittlich am Tag für die Wasserspülung?
- ☐ a) ca. 10 l
- ☐ b) ca. 30 l
- ☐ c) ca. 50 l
- ☐ d) ca. 75 l
- ☐ e) ca. 100 l

7

Unter einer Ökologischen Nische versteht man

☐ a) ganz spezielle Umweltbedingungen, an die sich bestimmte Arten angepaßt haben
☐ b) naturbelassene Freiräume in der Stadt
☐ c) die Randzonen biologisch-ökologisch wertvoller Biotope
☐ d) Rückzugsgebiete für das Wild
☐ e) Lebensmittelabteilung mit biodynamischen Nahrungsmitteln

8

Pestizide werden in der Landwirtschaft eingesetzt

☐ a) als Impfstoff gegen die sogenannte Schweinepest
☐ b) als besonders wirksames Düngemittel für Getreide
☐ c) zur Bekämpfung von Schädlingen
☐ d) um die ungehemmte Zunahme von Wildkräutern zu vermeiden
☐ e) gar nicht

9

Der Schutz wildlebender Tier- und Pflanzenarten wird geregelt

☐ a) im Bürgerlichen Gesetzbuch
☐ b) im Grundgesetz
☐ c) im Bundesnaturschutzgesetz
☐ d) in der Bundesartenschutzverordnung
☐ e) gar nicht

10

Der Landschaftsverbrauch in Baden-Württemberg beträgt 1988 täglich

☐ a) ca. 150 ar
☐ b) 7 ha
☐ c) 12 ha
☐ d) 16 ha
☐ e) mehr als 16 ha

(Lösungen im Anhang)

UMWELT-SCHUTZ IN POLITIK UND GESELL-SCHAFT

Prof. Dr. Ernst Waldemar Bauer
Dr. Stefan Rentzsch von Sichart

INFORMATIONSTEIL

Umwelt-Kreuzwort-Politikrätsel
In diesem Kreuzworträtsel sind – waagerecht und senkrecht – viele Begriffe versteckt. Zwanzig beziehen sich auf das Thema »Umweltschutz in Politik und Gesellschaft«. Viel Spaß beim Suchen!

I	A	N	L	E	U	T	E	X	L	U	N	T	K	O	M	I	K	E	R	A	M
M	I	L	U	Y	P	O	L	A	A	V	W	A	L	D	S	T	E	R	B	E	N
M	P	B	F	O	A	R	L	A	N	Ö	R	G	Ä	L	N	U	R	B	A	L	A
I	N	A	T	U	R	K	U	N	D	E	V	E	R	E	I	N	Z	E	L	N	T
S	M	O	V	R	T	E	M	T	S	T	A	D	A	M	E	N	E	N	L	Ö	U
S	I	W	E	T	E	L	I	E	C	H	T	E	N	S	T	E	I	U	R	N	R
I	C	H	R	E	I	T	E	R	H	O	S	E	L	Ä	E	L	S	M	A	T	S
O	H	A	S	I	E	E	Z	L	A	N	D	T	A	G	N	Y	I	W	X	A	C
N	A	R	C	L	N	L	E	A	F	U	Ü	O	G	E	H	P	G	E	T	R	H
S	E	S	H	W	E	L	N	A	T	U	R	D	E	N	K	M	A	L	I	A	U
S	L	A	M	E	S	E	L	M	S	G	E	I	G	E	Ü	H	N	T	S	U	T
C	A	M	U	I	T	Ö	K	O	S	Y	S	T	E	M	C	A	D	M	C	M	Z
H	U	E	T	S	T	A	G	R	C	H	U	N	D	E	K	U	C	I	H	W	A
U	S	O	Z	O	N	X	Z	P	H	O	T	O	O	X	I	D	A	N	Z	E	N
T	E	E	U	Ü	B	E	L	K	U	A	R	B	E	I	T	A	O	I	D	L	G
Z	A	U	N	U	M	W	E	L	T	A	U	S	S	C	H	U	S	S	A	T	E
G	L	Y	G	E	Y	S	I	R	Z	A	H	N	O	T	E	M	T	T	C	P	N
E	E	B	E	R	N	O	T	A	G	Ü	U	E	G	N	Y	E	E	E	H	O	E
S	T	I	C	K	O	X	I	D	E	W	T	R	Ü	B	E	N	N	R	Z	L	A
E	W	L	V	E	R	R	A	T	B	A	N	N	W	A	L	D	I	S	I	I	B
T	O	D	E	L	X	E	Ö	D	I	R	E	K	T	O	R	A	T	T	E	T	T
Z	I	E	R	A	T	I	E	R	E	M	I	T	Z	Ö	K	O	L	O	G	I	E
P	E	R	A	H	M	S	A	R	T	E	N	T	O	D	A	L	B	P	E	K	U

1. DER NATURSCHUTZGEDANKE – EIN RÜCKBLICK

Man mag Parteiprogramme oder ›Wahlplattformen‹ der unterschiedlichsten politischen Richtungen durchblättern, irgendwo wird man immer, wenn auch in unterschiedlichem Maße, auf das Thema Umweltschutz stoßen. Es gibt sogar Parteien, die die Umweltpolitik ins Zentrum ihrer politischen Aussage und zum Kernpunkt ihres politischen Handelns gemacht haben – auch auf die Gefahr hin, als eine allenfalls im Umweltbereich kompetente ›Ein-Punkt-Partei‹ zu erscheinen.

Alle Parteien der Bundesrepublik Deutschland haben zwar immer auch Vorreiter des Umweltbewußtseins aufzuweisen. Der Streit aber, wer zuerst explizit ökologische Fragen in sein Programm aufgenommen habe, bleibt so lange müßig, wie sich mit diesem Programmpunkt kein daraus abgeleitetes politisches Handeln verbinden läßt.

Alle Parteien müssen sich jedoch auch sagen lassen, daß es die Bestrebungen des klassischen Natur- und Heimatschutzes gegeben hat, lange bevor sie zu Verantwortungsbewußtsein gegenüber der belebten und unbelebten Natur auch in der politischen Meinungsbildung aufriefen.

1.1 TECHNISIERUNG DER NATUR

Die aufkommenden Naturwissenschaften, die Zunahme technischer Kenntnisse und Fertigkeiten und die damit verbundene schnelle Ausbreitung der Industrialisierung im ausgehenden 18. und im 19. Jahrhundert bewirkten eine sichtbare Veränderung der besiedelten und unbesiedelten Flächen, der Landschaften und Städte.

Die Schattenseiten der Industrialisierung wurden zuerst in West- und Mitteleuropa erkennbar; wurde doch hier die Technik in besonderem Maße als Mittel gegen die durch die Natur gesetzten Grenzen des menschlichen Handelns eingesetzt. (Vergleiche z.B. *Hochwasserschutz und Ökologie*, Herausgeber: Ministerium für Umwelt Baden-Württemberg.) Es wurden der Rhein und seine Nebenflüsse kanalisiert; man träumte von einem Schiffshebewerk sogar über die wasserarme Schwäbische Alb hinweg; es wurden die ersten Eisenbahnbrücken, Gebirgsbahnen und die ersten großen Tunnels gebaut; Versuche wurden unternommen, selbst das Meer und seine zerstörerischen Kräfte durch ausgeklügelte Deichsysteme zu begrenzen.

> *Du warest mir ein täglich Wanderziel,*
> *viellieber Wald, in dumpfen Jugendtagen,*
> *ich hatte dir geträumten Glücks so viel*
> *anzuvertraun, so wahren Schmerz zu klagen.*
>
> *Und wieder such ich dich, du dunkler Hort,*
> *und deines Wipfelmeers gewaltig Rauschen –*
> *jetzt rede Du! Ich lasse dir das Wort!*
> *Verstummt ist Klag' und Jubel.*
> *Ich will lauschen.*
>
> *Conrad Ferdinand Meyer (1825–1898)*

Der moderne Naturschutzgedanke entstand vor diesem Hintergrund Ende des vorigen Jahrhunderts. Dabei knüpfte er an ein eher romantisches Naturverständnis an und forderte die Erhaltung von Naturdenkmalen. Darunter verstand man damals seltene und charakteristische Erscheinungsformen der Tier- und Pflanzenwelt sowie idyllische Landschaften oder besonders auffallende Naturschöpfungen (Felsblöcke, Dolinen, Wasserfälle usw.). So wurde z.B. in Preußen schon vor der Jahrhundertwende ein Katalog schützenswerter Bäume gefordert.

Dennoch bedeutete der Einsatz von Technik und Wissenschaft nicht nur Zerstörung der Natur, er bot ihr auch Chancen. So wurde beispielsweise durch die technische Möglichkeit, Kohle in großem Maßstab zu fördern, die Holzfeuerung abgelöst. Dies bewirkte im 19. Jahrhundert eine Wiederbelebung der Wälder. Die Waldflächen, wenn auch meist in Form eines als Nutzwald angepflanzten Fichtenforstes, nahmen wieder zu. Dieser Waldzuwachs wurde noch verstärkt durch die Intensivierung der Landwirtschaft als Folge des Einsatzes künstlicher Düngemittel und technischer Geräte zur Bearbeitung der Äcker: extreme Hanglagen mußten nicht mehr bewirtschaftet werden, um einen ausreichenden Ertrag zu erzielen, und so steht auf den Höhen des Schwarzwaldes, wo jahrhundertelang Almwirtschaft betrieben wurde, heute wieder Wald. Die über Jahrhunderte betriebene Waldweide wurde stark rückläufig; das Vieh richtete dabei teilweise große Schäden an Bäumen durch Verbiß und Bodenverfestigung durch Viehtritt an – Schäden, die mancherorts noch heute sichtbar sind. So entstanden z. B. die Grinden, d. h. kahle Hochflächen im Hochschwarzwald.

Der Feldberg als Beispiel einer kahlen Hochfläche

Nicht zuletzt hat die Forstwirtschaft die Aufwertung des Waldes und dessen über den rein forstlichen Ertrag, d. h. über den wirtschaftlichen Nutzen hinausgehende Bedeutung früh erfaßt. Das Interesse an der natürlichen, vom Menschen unbeeinflußten Entwicklung der Wälder erwuchs aus ökologischem Denken. Bannwälder, vom menschlichen Zugriff ausgenommene Waldbezirke, wurden ausgegrenzt. Ein Bannwald, der nur einige Hektar umfaßt, ist allerdings noch kein ausreichender Lebensraum für Luchs oder anderes Raub- bzw. Großwild. Unter den Wegbereitern einer über den wissenschaftlichen Zuständigkeitsbereich eines Faches hinausgreifenden Naturbetrachtung sei Robert Gradmann genannt. Sein *Pflanzenleben der Schwäbischen Alb* zeigt beispielhaft eine fächerübergreifende geographisch-historisch-biologische Perspektive auf. Die zunehmend ganzheitlich-ökologisch orientierte Betrachtungsweise in der Fachwissenschaft Biologie spiegelt sich besonders in neueren Pflanzenbestimmungsbüchern wider; außer verwandtschaftlichen Beziehungen werden die Beziehungen im jeweiligen Lebensraum, standortbedingte Faktoren, also ökologische Zusammenhänge, aufgezeigt.

1.2 DER UMWELTSCHUTZGEDANKE IN NATUR- UND WANDERVEREINEN

Mit zunehmender Verstädterung und Industrialisierung, besonders nach dem Ersten Weltkrieg, verstärkten sich die Bemühungen um den Erhalt naturnaher Räume. Gesellschaften und Verbände, die sich dem Schutz der Natur in besonderer Weise verpflichtet fühlten, erlebten einen starken Mitgliederzuwachs. In Baden und Württemberg waren dies beispielsweise insbesondere der Deutsche Naturkundeverein, der Verein für vaterländische Naturkunde – heute Gesellschaft für Naturkunde – aber auch Wandervereine wie der Schwäbische Albverein, der Schwarzwaldverein oder die Touristenvereinigung ›Die Naturfreunde‹ bis hin zum damals noch deutsch-österreichischen Alpenverein.

Die Anteilnahme am Schicksal der Natur setzt sich bis heute – und seit den siebziger Jahren verstärkt – fort. Rund 90 % der Befragten gaben bei repräsentativen Umfragen an, den Umweltschutz als wichtigstes politisches und gesellschaftliches Thema anzusehen.

Die Veränderung und Zerstörung der Umwelt nach dem Zweiten Weltkrieg ergab sich aus (scheinbar) technischen Notwendigkeiten, aber auch Komfortbedürfnissen (z. B. während der Phase des Wiederaufbaus) und durch die Flurbereinigung in den sechziger Jahren. Gegen diese übermäßige Beanspruchung der Natur gab es Widerspruch; die Blätter des Schwäbischen Albvereins, des Schwäbischen Heimatbundes, des Deutschen Naturkundevereins, der Gesellschaft für Naturkunde sowie wissenschaftliche Fachveröffentlichungen zeugen davon. Die Sorge um das Überleben der heimatlichen Flora und Fauna wird immer deutlicher. Längst nicht mehr zu übersehen war und ist, daß die Störche nicht zu ihren alten Brutplätzen zurückkehren, daß das Birkhuhn und das Auerhuhn in ihrer Existenz bedroht sind, daß Uhu und Wanderfalke vom Aussterben bedroht sind und daß die Zahl der Fledermäuse in den Höhlen auf ein Zehntel absinkt. Ursache für den Artenrückgang bis hin zum völligen Aussterben ist die Vernichtung spezifischer Lebensräume. Denn nur hier finden die Lebewesen Nahrung und Nistmöglichkeiten.

Die Sorge um die Natur, so wenig sie sich ursprünglich in direkter politischer Aktivität äußerte, hat immerhin dazu geführt, daß über die politisch verantwortlichen Gremien Gesetze zum Schutz der Natur erlassen werden. Durch die Ausweisung von Naturschutz- und Landschaftsschutzgebieten (so beispielsweise in Baden-Württemberg nach § 48 Abs. 4 NatSchG geregelt), in denen die Rechte des wirtschaftenden Menschen mehr oder weniger stark eingeschränkt werden, sind Konflikte vorprogrammiert: Gemeinschaftsinteressen stehen gegen Einzelinteressen, wirtschaftliche Interessen und Freizeitinteressen gegen die Belange der Landschaftserhaltung, wie z. B. der Massentourismus zeigt.

Naherholung im Wald

Naturschutz

Naturschutz dient nach dem Bundesnaturschutzgesetz folgenden Zielen:

- ▶ der Leistungsfähigkeit des Naturhaushaltes,
- ▶ der Nutzungsfähigkeit der Naturgüter,
- ▶ dem Erhalt der Pflanzen- und Tierwelt.

Umweltschutz

Darunter wird im allgemeinen der technische Umweltschutz (z. B. Luftreinhaltung, Schutz vor Lärm) verstanden, z. T. wird dabei der Naturschutz eingeschlossen. Zum Umweltschutz gehören alle Maßnahmen, die dazu führen, dem Menschen seine Umwelt zu sichern und in der belebten wie unbelebten Natur das biologische bzw. ökologische Gleichgewicht zu erhalten und, wo nötig, wieder herzustellen.

Aus: Hutter, C.-P., Thielcke, G; Herrn, C.-P; Faust, B.: *Naturschutz in der Gemeinde*, Stuttgart 1988.

Ein Naturwaldreservat

2. DAS WALDSTERBEN – BEISPIEL FÜR UMWELTVERÄNDERUNG

Das Waldsterben hat als Schlagwort die umweltpolitische Diskussion in den siebziger und achtziger Jahren lange Zeit bestimmt – für viele Mitbürger wurde dadurch die Umweltzerstörung erst deutlich sichtbar und bewußt. Das Waldsterben wurde gleichsam zum Synonym für die zunehmende Zerstörung der Umwelt.

Der Wald hat nicht nur ökonomische, sondern auch unschätzbare ökologische Funktionen zu erfüllen. Er schützt das Grundwasser, speichert den Niederschlag, bewahrt die Bodenfruchtbarkeit, schützt vor Erosion, reinigt die Luft und beeinflußt das Klima. Bei einem großflächigen Absterben der Wälder gehen diese lebenswichtigen Funktionen verloren. Die dadurch entstehenden Schäden sind nahezu unabsehbar. Wenn der Wald als großflächiges Ökosystem zerstört wird, sind auch viele Tier- und Pflanzenarten zum Aussterben verurteilt – die Existenz unserer Zivilisation wäre in Gefahr. Der Waldschadensbericht der Bundesrepublik Deutschland zeigt die wahren Ausmaße der Katastrophe.

Rechts: Das Waldsterben am Beispiel von Fichte, Kiefer und Buche in den drei Schadstufen.

Unten: Dargestellt sind die als Schadstufen 2 bis 4 bezeichneten deutlichen Schäden an Waldbäumen. Darüber hinaus gibt es je nach Schädigungsgrad weitere Stufen, die hier nicht dargestellt sind. Im Bereich der neuen Bundesländer ist die Situation der Waldschäden noch dramatischer, wobei vergleichbare detaillierte Untersuchungen wegen des dort oft schon großflächigen Absterbens der Wälder noch nicht vorliegen.
Aus: Schriftenreihe des Bundesministeriums für Ernährung, Landwirtschaft und Forsten, 1990, Heft 381, *Waldschadensbericht – Ergebnisse der Waldschadenserhebung.*

Land	Schadstufen 2–4 deutliche Schäden						
	Fichte	Kiefer	Tanne	Buche	Eiche	sonstige Baumarten	insgesamt
	in % der Baumartenfläche des Landes						in % der Waldfläche des Landes
Schleswig-Holstein	20,5	2,5	21,0	31,2	25,0	7,1	18,0
Niedersachsen	14,9	2,3	–	30,6	29,5	10,4	13,0
Nordrhein-Westfalen	7,4	11,4	–	9,1	19,1	9,0	10,0
Hessen	11,3	16,3	81,1	21,9	28,4	9,7	17,2
Rheinland-Pfalz	9,0	5,3	13,6	17,6	12,7	6,2	10,3
Baden-Württemberg	12,9	25,6	40,8	21,2	36,9	12,9	19,6
Bayern	16,8	13,5	57,8	25,6	38,2	17,0	18,5
Saarland	8,7	17,6	–	25,8	18,7	5,0	15,0
Bremen	37,9	23,9	–	27,8	32,0	10,4	19,6
Hamburg	19,0	17,8	–	6,6	10,4	12,4	13,7
Berlin (West)	–	29,8	–	–	11,2	13,8	22,9
Bundesrepublik	13,5	11,1	44,2	21,7	25,7	11,9	15,9

Berichte über Erkrankungen und Absterben von Nadelhölzern liegen schon länger vor, aber auch die Erkrankungen von Laubbäumen mehren sich. Buchen sind mittlerweile (1989) zu 21 % und Eichen zu 37 % geschädigt. Damit sind Eichen annähernd so krank wie Tannen (1989: 42 % starke Schäden). Die Schäden haben alle Tannengebiete erfaßt; es gibt kaum noch Gegenden, wo die Tannen gesund sind. Am stärksten betroffen sind der Schwarzwald, aber auch der Schwäbisch-Fränkische Wald. Auch bei den Fichten, die Anfang der achtziger Jahre noch weitgehend gesund waren, ist eine dramatische Verschlechterung der Situation eingetreten (1989: 13–20 % starke Schädigung, je nach

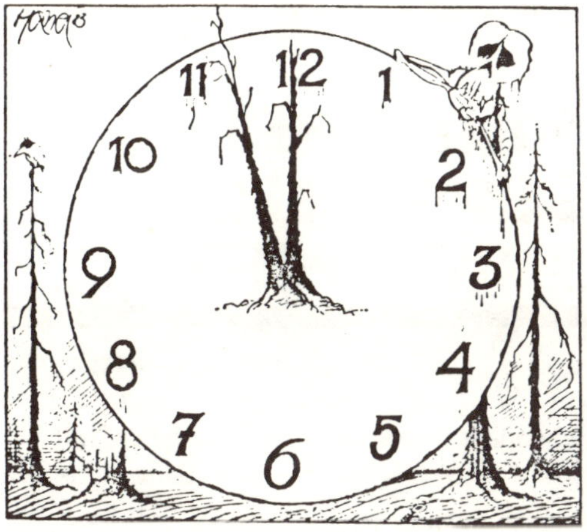

Region), ebenfalls bei den Kiefern (26 % Schädigung). Nach den Ergebnissen des neuesten Waldschadensberichtes für Baden-Württemberg von 1989 sind 19,6 % aller Bäume stark und 17,8 % mittelstark geschädigt.

Das Waldsterben ist nicht auf einzelne Bundesländer bzw. die Bundesrepublik Deutschland (dort insbesondere auf den Bayrischen Wald und den Harz) beschränkt. Symptome der Walderkrankungen werden in allen Ländern Europas festgestellt. Die riesigen Flächen abgestorbener Wälder, wie z. B. im Erzgebirge, geben einen beklemmenden Eindruck vom Endstadium dieser Entwicklung. Einmal zerstörte Wälder können nicht ohne weiteres wieder aufgeforstet werden. Die negativen Folgen der Waldvernichtung (Erosion, Verkarstung) wirken langfristig nach.

Das Waldsterben hat allerdings nicht nur negative ökologische, sondern auch steigende ökonomische Folgen. Im Frühjahr 1982 wurde allein der wirtschaftliche Schaden bei Fichte und Tanne in Baden-Württemberg auf rund 200 Mio DM pro Jahr geschätzt. Der Wald als kommunale und privatbäuerliche Erwerbsquelle ist in hohem Maße gefährdet, zudem sind in einem Bundesland wie Baden-Württemberg ca. 250 000 Arbeitsplätze in der forstwirtschaftlichen und holzverarbeitenden Industrie vom Wald abhängig; hinzu kommt noch der Fremdenverkehr, der insbesondere im Schwarzwald- und Bodenseegebiet auf die Erhaltung eines gesunden Waldes angewiesen ist.

Als Ursache des Waldsterbens ist im wesentlichen die Luftverschmutzung, vor allem Schwefeldioxid (SO_2), aber auch Stickoxide und soge-

Der immer stärker zunehmende Autoverkehr, der sich nicht zuletzt durch die starke Zerschneidung der Landschaft zeigt, ist maßgebliche Ursache für die Luftverschmutzung in Europa.

nannte Photooxidanzen (Ozon) zu nennen. Schwefeldioxid wird vor allem aus hohen Schornsteinen von Kohlekraftwerken und Industrieanlagen in die Luft geblasen. Durch die hohen Schornsteine werden die Schmutzanteile dabei über große Distanzen verfrachtet und verteilt. Luftverschmutzung ist deshalb auch eines der grenzüberschreitenden Probleme. Stickoxide und Photooxidanzen entstehen zu gleichen Teilen durch den Autoverkehr, durch Feuerungsanlagen der Industrie und durch Kraftwerke. Die Folge ist insbesondere der saure Regen, der direkt die Nadeln und Blätter der Bäume angreift und gleichzeitig den Boden versauert. Die Übersäuerung der Böden hat unterschiedliche Folgen: das Feinwurzelwerk wird zerstört und damit die Austrocknung des Baumes beschleunigt, weil weniger Feuchtigkeit aufgenommen werden kann; das saure Klima des Bodens bewirkt außerdem, daß sich Schwermetalle aus ursprünglich ungefährlichen chemischen Verbindungen lösen und die Bäume vergiften. Weitere Folgen sind Ozonbildung und Staubbelastung. Ozon zerstört die Schutzschicht der Nadeln und Blätter und fördert dadurch Krankheiten und Austrocknen; Staub behindert die ›Atmung‹ der Pflanzen, d. h. den Austausch von Kohlendioxid und Sauerstoff.

Indizien für die Erkrankung der Bäume sind z. B. bei der Fichte: braune Nadeln, Verlichtungen, nicht mehr spitzes Zulaufen der Baumkrone, Lamettaäste, Angsttriebe, übermäßige Zapfenbildung und rissige Rinde. Verstärkt wird der Prozeß des Waldsterbens durch die Anfälligkeit der Bäume gegenüber Schädlingen (z. B. Borkenkäfern) sowie gegenüber Klimaeinflüssen wie Frost, Schnee und Sturm (Wind- und Schneebruch).

Maßnahmen gegen das Waldsterben müssen bei der Hauptursache, der Luftverschmutzung, ansetzen.

Die Grundlage für gesetzliche Regelungen zur Verminderung der Schadstoffbelastung der Luft bildet das Bundes-Immissionsgesetz von 1974 (zuletzt geändert durch Gesetz vom 11. 5. 1990). Paragraph 1 lautet:

> Zweck dieses Gesetzes ist es, Menschen, Tiere, Pflanzen und andere Sachen vor schädlichen Umwelteinwirkungen und, soweit es sich um genehmigungsbedürftige Anlagen handelt, auch vor Gefahren, erheblichen Nachteilen und erheblichen Belästigungen, die auf andere Weise herbeigeführt werden, zu schützen und dem Entstehen schädlicher Umwelteinwirkungen vorzubeugen.

Auf dieser Basis wurden die sogenannte TA-Luft (Technische Anleitung zur Reinhaltung der Luft) und die Großfeuerungsanlagenverordnung gesetzlich verabschiedet. Die TA-Luft ist eine Verordnung zum Bundes-Immissionsschutzgesetz, die im Februar 1983 novelliert wurde. Sie hat eine Verschärfung mehrerer Grenzwerte für Schadstoffimmissionen z. B. bei Stickoxiden und Schwermetallen gebracht. Die Großfeuerungsanlagenverordnung hat zum Ziel, den Schadstoffausstoß von Großkraftwerken und Industriefeuerungsanlagen zu begrenzen, aus denen der überwiegende Teil der Schwefeldioxid- und ca. die Hälfte der Stickoxidemissionen kommen. Für Altanlagen galten und gelten Übergangsfristen für die technische Nachrüstung zur Einhaltung der Grenzwerte.

3. POLITISCHES BEWUSSTSEIN – UMWELTPOLITK

Bereits in den siebziger Jahren, als am Belchen im Hochschwarzwald das Tannensterben erkennbar wurde, konnten Fragen des Umweltschutzes nicht länger aus parlamentarischen Diskussionen ausgeklammert werden. Auf Jahre hinaus blieb in Baden-Württemberg das Landwirtschaftsministerium, das mit den Bereichen Forst, Ernährung und ländlicher Raum umfassende Aufgaben zu bewältigen hat, für den Bereich Umweltschutz zuständig. Erst mit der Neugründung des Umweltministeriums im Juli 1987 manifestierte sich die gesellschaftliche Bedeutung des Umweltschutzes sowohl auf höchster politischer Ebene als auch auf höchster Verwaltungsebene.

Auffallenderweise organisierte sich der Widerstand der Bürger gegen staatliche Unterlassungen im Bereich der Umwelt nicht auf dem Felde des Naturschutzes im engeren Sinne, sondern vor allem als Widerstand gegen die Atomenergie. Diese Zuspitzung der Argumentation auf einen politisch wirksamen Kern haftet der politischen Diskussion ökologischer Fragen teilweise bis heute an; sie erschöpft sich oft in der Diskussion griffiger Schlagworte.

Um eine im Wohlstand weithin zufrieden dahinlebende Bevölkerung aufzurütteln sind

WALDSTERBEN durch LUFTVERGIFTUNG

Die Einflüsse können unabhängig voneinander ablaufen
oder sich gegenseitig in der Wirkung verstärken.

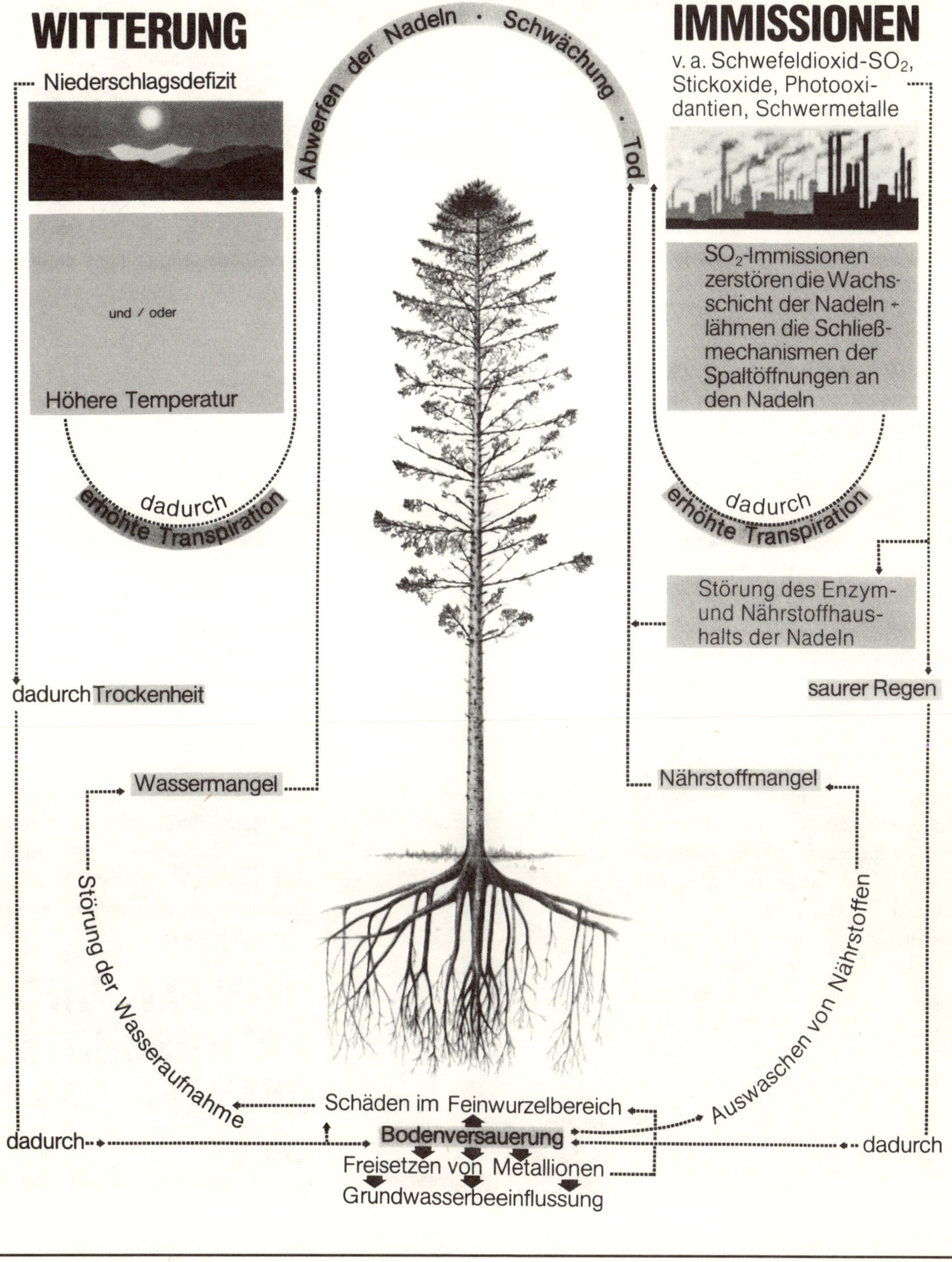

Aus: *Informationen der Schutzgemeinschaft Deutscher Wald e.V.*

Zunehmend zeigt sich in den Zeitungsspalten, daß Umweltschutz die öffentliche Diskussion beherrscht.

offensichtlich spektakuläre Umweltkatastrophen wie der GAU (größter anzunehmender Unfall) in Tschernobyl, die Rheinvergiftung durch Sandoz/Basel oder das Robbensterben in der Nord- und Ostsee notwendig. Mit der gesteigerten Sensibilität von Bevölkerung und Politikern und mit zunehmendem Wissen um ökologische Sachverhalte und deren Bedrohung ist die Diskussion immer sachlicher, aber auch präziser und fordernder geworden.

Die politische Diskussion konzentriert sich häufig entweder auf Schlagworte, wobei ein Verlust an Komplexität einhergeht, oder auf überschaubare, exemplarische Einzelfälle. Auf der anderen Seite wird die Diskussion des großen Themas Umweltschutz bzw. Umweltpolitik fast zwangsläufig unkonkret und allgemein. Ein Dilemma, welches immer problematischer wird, je höher die Ebene des politischen Prozesses ist, auf der das Thema verhandelt wird.

Es stellt sich die Frage, auf welcher politischen Ebene Lösungen zu Fragen des Umweltschutzes am ehesten erreicht werden können. Auf Landesebene durchdringen sich internationales Recht, europäisches Recht, Bundesrecht, Landesrecht und das Recht der kommunalen Selbstverwaltung.

Hierzu nur einige Beispiele aus Baden-Württemberg: Internationales Recht wird berührt, wenn es um Fragen im Bereich des Bodensees geht. Dazu gehört die Frage der Wasserversorgung, die des Fischfangs und des Vogelschutzes.

Auch bei der Bebauung der Uferzone rund um den Bodensee bestehen Einspruchsmöglichkeiten der Anliegerstaaten. Ob und mit welcher Maschenbreite Felchen gefangen werden dürfen, darf kein Anliegerstaat für sich allein entscheiden.

Es darf beispielsweise kein Wasser entnommen werden, um die in Niedrigwasserzeiten sehr geringe Wasserführung des Neckars auszugleichen. (Aus diesem Grund versuchte das Land, eine Frischwasserzufuhr von der *Kleinen Kinzig* aus durch den Schwarzwald zu legen; dies wurde allerdings vom zuständigen Kreisverband abgelehnt, da dies in seine rechtliche Zuständigkeit fällt. Ein Beispiel dafür, daß kommunales Recht Landesplanungen beeinflussen kann.)

Ohne eine bundesrechtliche Regelung sind Fahrverbote für bestimmte Fahrzeuge auf dem Bodensee, wie sie etwa im Wasserschutzbereich der Landeswasserversorgung für sinnvoll erachtet und von verschiedenen Fraktionen des baden-württembergischen Landtages gefordert werden, auf Dauer nicht möglich.

Landesrecht ist betroffen, wenn es um die Ausweisung von Naturschutz- oder Landschaftsschutzgebieten am Uferbereich geht. Europäisches Recht ist z. B. betroffen, wenn es um den Schutz von Rabenvögeln geht. Diese Diskussion hat im Landtag von Baden-Württemberg zu Aktivitäten aller Fraktionen geführt. Die rechtliche Regelung, ob und in welchem Umfang Rabenvögel gejagt werden dürfen, wird aller Voraussicht nach der Europäische Gerichtshof in absehbarer Zeit verbindlich entscheiden müssen.

4. UMWELT- UND NATURSCHUTZ – AUFTRAG DES LANDTAGS

Wie kommt nun der Landtag dazu, sich mit Fragen wie etwa dem Transport gefährlicher Güter auf der Bodenseeuferstraße oder mit der

Ausweisung eines Naturschutzgebietes zu befassen?

In allen Bundesländern ist der Auslöser und die Vorgehensweise ähnlich. Im folgenden soll das Beispiel Baden-Württemberg erläutert werden.

Oft gibt es für die politischen Aktivitäten einen konkreten Anlaß: der Beinaheunfall eines Tankfahrzeugs, vergleichbare Unfälle in Nachbarstaaten oder Bedenken betroffener Bürger. Schließlich sind nicht selten auch Presse- und Rundfunkmeldungen oder Strafverfahren Anlaß für politische Aktivitäten von Parlamentariern. Entweder macht sich ein für diesen Kreis gewählter Abgeordneter das Problem selbst zu eigen, oder aber er gibt es an diejenigen Kollegen seiner Fraktion weiter, welche die Umweltfragen im Umweltausschuß behandeln. Diesen Ausschuß im Landtag von Baden-Württemberg gibt es seit dem 1. Juli 1987.

Die Arbeit des Landtages wird durch Ausschüsse vorbereitet, die sich entsprechend der Stärke der Fraktionen zusammensetzen. Für alle wichtigen Bereiche der Politik hat der Landtag Ausschüsse eingesetzt, z. B. Haushalt, Wirtschaft, Umwelt ... Für die Ausschußarbeit werden von den Fraktionen Abgeordnete entsandt, die in den Gebieten Experten sind. Da die Gesetzgebungsarbeit immer vielfältiger und komplizierter ist, kommt den Ausschüssen immer größere Bedeutung zu; hier fallen viele Entscheidungen, denen das Plenum des Landtages nur noch formell zustimmt. Ausschüsse arbeiten eng mit den Ministerien zusammen. Auch die Interessenverbände versuchen, auf die Ausschußarbeit Einfluß zu nehmen.

Die Formulierung von Anträgen geschieht im Vorfeld der Ausschußsitzungen. Dazu kann ein Arbeitskreis gebildet werden, dem auch – nach Bedarf – parlamentarische Berater und Sachverständige angehören können.

Ein Antrag aus dem Bereich der Umweltpolitik kann beispielsweise wie folgt aussehen:

Landtag von Baden-Württemberg

10. Wahlperiode **Drucksache 10/101** **22. 06. 88**

Antrag

der Abg. Günther Oettinger u. a. CDU

und

Stellungnahme

des Ministeriums für Umwelt

Umweltinformationssystem (Zwischenbilanz)

Antrag

Der Landtag wolle beschließen, die Landesregierung zu ersuchen,

1. zu berichten,

1.1 welchen Ausbau- und Bearbeitungsstand die verschiedenen Komponenten des Umweltinformationssystems in der Landesverwaltung erreicht haben:
- Luftmeßnetz
- Bioindikatorenmeßnetz
- Emissionskataster
- Radioaktivitätsmeßnetz
- Kernreaktorfernüberwachungssystem
- Bodenmeßnetz
- Bodenbelastungskataster
- Bodenprobenbank
- Bodendatenbank
- Grundwassermeßnetz
- Grundwasserdatenbank
- Trinkwasserdatenbank
- Gewässergütemeßnetz
- Umweltdatenbanken und -kataster;

1.2 wie weit die Verknüpfung der einzelnen Systeme zu einem Umweltinformationssystem gediehen ist;

Eingegangen: 22. 06. 88 / Ausgegeben: 21. 06. 88

1.3 welche Landesmittel für die einzelnen Komponenten seit 1986 aufgewendet wurden;

1.4 wie die weiteren finanziellen und zeitlichen Planungen aussehen;

2. bei der Umsetzung und beim Betrieb des UIS sich der Unterstützung durch Private zu bedienen und dabei folgende Grundsätze einzuhalten:

2.1 der Betrieb und die Wartung von Meßstationen sowie die Durchführung von Laboranalysen sind weitgehend Privaten zu übertragen, während die Zusammenfassung und Auswertung der Ergebnisse staatlichen Stellen vorbehalten bleibt;

2.2 hoheitliche Aufgaben dürfen nur beliehenen Unternehmen übertragen werden;

2.3 durch Festlegung einheitlicher Meßverfahren und Kontrollen ist die Objektivität der Messungen bzw. Untersuchungen und die Zuverlässigkeit der privaten Betreiber sicherzustellen;

2.4 bei der Übertragung von Meß- und Analysetätigkeiten an Private müssen unvertretbare soziale Härten für die betroffenen staatlichen Mitarbeiterinnen und Mitarbeiter vermieden werden.

15. 06. 88

Oettinger, Sieber, Decker, Göbel, Haas, Hodapp, Hans Lorenz, Scheuermann, Wendt CDU

Binnen einer Frist von drei Wochen soll der Antrag von der Landesregierung – durch das zuständige Umweltministerium – beantwortet werden. Danach können Anträge dieser Art je nach Dringlichkeit in einer *aktuellen Stunde* des Landtages behandelt werden; in der Regel werden sie jedoch auf die Tagesordnung des Umweltausschusses gesetzt. An den Sitzungen des Umweltausschusses nimmt von Seiten der Landesregierung der Umweltminister – oder gelegentlich als sein Vertreter der Staatssekretär des Umweltministeriums – mit den Regierungsbeamten des zuständigen Ressorts teil. Der Landesregierung gegenüber sitzen die Vertreter der Landtagsfraktionen; diese werden von den Fraktionen benannt. In der zehnten Legislaturperiode waren das siebzehn Abgeordnete; neun von der CDU, sechs von der SPD und je einer von den Grünen und der FDP.

Patient im Großklinikum, *Haitzinger.*

Die Vorgehensweise bei Anträgen hängt davon ab, ob diese von einer der kleinen oder der großen Fraktionen eingebracht werden. Denn eine kleine Fraktion hat bei Sachfragen mit regionalem Bezug nur in Ausnahmefällen Abgeordnete aus dem jeweils betroffenen Landkreis. Bleiben wir beim oben zitierten Beispiel des Bodensees: In der zehnten Legislaturperiode ist der für den Landkreis Friedrichshafen gewählte Abgeordnete nicht Mitglied des Umweltausschusses. Dennoch hat er die Möglichkeit, einen Antrag aus seinem Wahlkreis in Vertretung seines für den Umweltausschuß bestimmten Kollegen vorzutragen und zu vertreten. Der Antrag wird dann im Ausschuß aufgerufen, der Antragssteller begründet ihn und würdigt gleichzeitig die Antwort der Landesregierung kritisch. Der Antragsteller kann den Antrag durch die Antwort der Landesregierung für erledigt erklären – oder als nicht erledigt bezeichnen. Sind im Antrag Forderungen enthalten, so wird im Ausschuß abgestimmt, ob diese Forderungen des Antrages zum Auftrag für die Landesregierung werden sollen oder ob sie mehrheitlich abgelehnt werden.

Mehrheitlich im Umweltausschuß angenommene Forderungen verpflichten die Landesregierung, diesen Forderungen entsprechend nachzukommen. Bei Ablehnung des Antrages bleibt dem Antragsteller die Hoffnung, daß die Probleme bzw. die Forderungen auch der Presse bekannt geworden sind und in der Öffentlichkeit ein solches Gewicht gewinnen, daß sie gegebenenfalls doch noch Gegenstand einer Plenardebatte des Landtages werden.

ARBEITSPROGRAMM

A

Lückentexte

Vervollständigen Sie nachfolgende Texte mit den vorgegebenen Begriffen.

Verlust – Einzelschöpfungen – verboten – rechtsverbindlich – Bäume – Zerstörung

Naturdenkmäler sind ______________ festgesetzte ______________ der Natur (z. B. markante ____________, Tümpel, Dolinen etc.), deren Vernichtung oder Veränderung ein besonderer ___________ wäre. Die Beseitigung eines Naturdenkmals sowie alle Handlungen, die zur ______________ oder Veränderung führen können, sind ______________ und werden rechtlich geahndet.

Wasserflächen – 1,7 % – Ökosystem – Biotop – Gebiet – Grundlage – 10 %

Ein Naturschutzgebiet ist ein rechtsverbindlich festgesetztes ______________, das als Lebensstätte (____________) bestimmter Pflanzen und Tierarten zu ihrer Erhaltung besonders geschützt werden soll. Das Naturschutzgebiet ist die wichtigste ______________ für einen effektiven Arten- und Biotopschutz. Wissenschaftler vertreten die Ansicht, daß die wildlebende Tier- und Pflanzenwelt und ein intaktes ______________ nur erhalten werden können, wenn _____ der Bundesfläche als Naturschutzgebiete ausgewiesen werden. Bisher allerdings sind einschließlich der ______________ nur _____ ausgewiesen.

B

6 aus 12

Von den folgenden zwölf Vereinen und Verbänden haben sechs den Naturschutz ausdrücklich zum Ziel erklärt – ohne dieses Wort im Namen zu haben. Welche sind es?

Hat Naturschutz ausdrücklich zum Ziel?	Ja	Nein
Verband Bildung und Erziehung		
Volkshochschulverband		
Schwäbischer Albverein		
Verband der Elektrizitätswerke		
Deutscher Bund für Vogelschutz		
World Wildlife Fund (WWF)		
Deutscher Tierschutzbund		
Deutscher Alpenverein		
Deutscher Sportbund		
Greenpeace		
Schwarzwaldverein		
Hotel- und Gaststättenverband		

C

Unübersehbar sind die kranken Fichten. Welche Erscheinungen lassen die Erkrankung erkennen? Es gibt sieben besonders wichtige Indizien:

1. ______________________
2. ______________________
3. ______________________
4. ______________________
5. ______________________
6. ______________________
7. ______________________

D

Bilderpuzzle

Nicht nur Nadelhölzer, sondern zunehmend auch Laubbäume sind vom Waldsterben betroffen. Ordnen Sie den Umrißzeichnungen die entsprechenden Namen zu.

1. Eiche
2. Walnuß
3. Buche
4. Ahorn
5. Linde

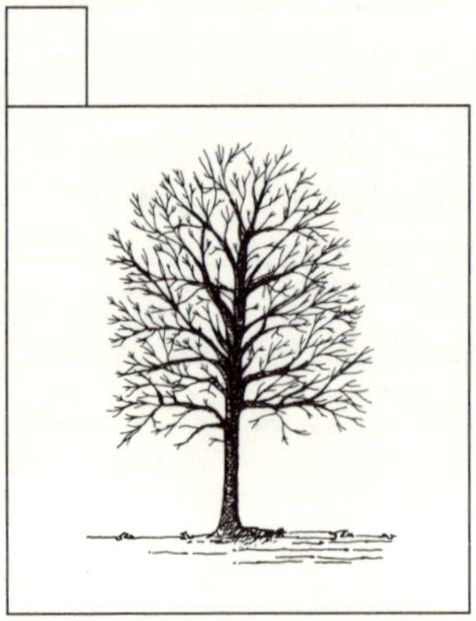

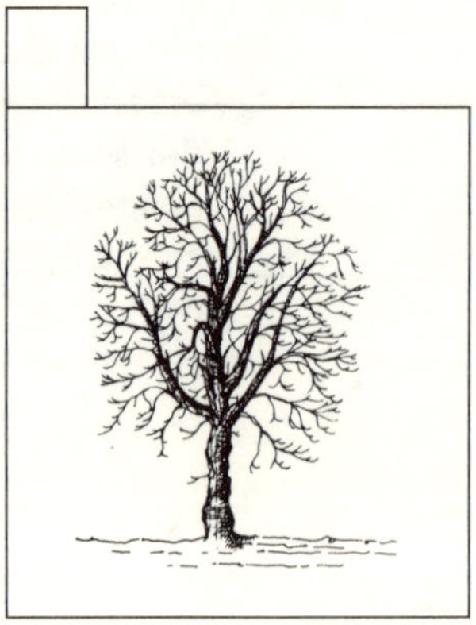

E

Text + Bild

Das Ökosystem Wald hat eine wichtige Funktion im gesamten Natur- und Stoffkreislauf. Mit Hilfe der Sonnenenergie wandeln grüne Pflanzen und Bäume Kohlendioxid aus der Luft in Sauerstoff und energiereiche Stoffe um. Diese (z.B. Kohlenhydrate) sind wiederum Nahrungsquelle für das tierische Leben. Tote Lebewesen werden durch Bodenorganismen und durch chemische Zersetzungsprozesse abgebaut und letztlich wird wieder CO_2 frei (Kreislauf des Kohlenstoffes). Die eiweißhaltigen Stoffe der Lebewesen werden zu dem für Pflanzen verwertbaren Nitrat abgebaut (Kreislauf des Stickstoffs).
Nebenstehend ist eine schematische Darstellung des Natur- und Stoffkreislaufs. Vervollständigen Sie den Kreislauf, indem Sie die fehlenden Faktoren (Zahlen) eintragen.

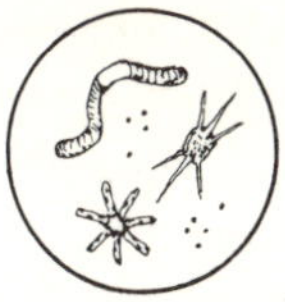
1.

2.

3.

4.

5.

6.

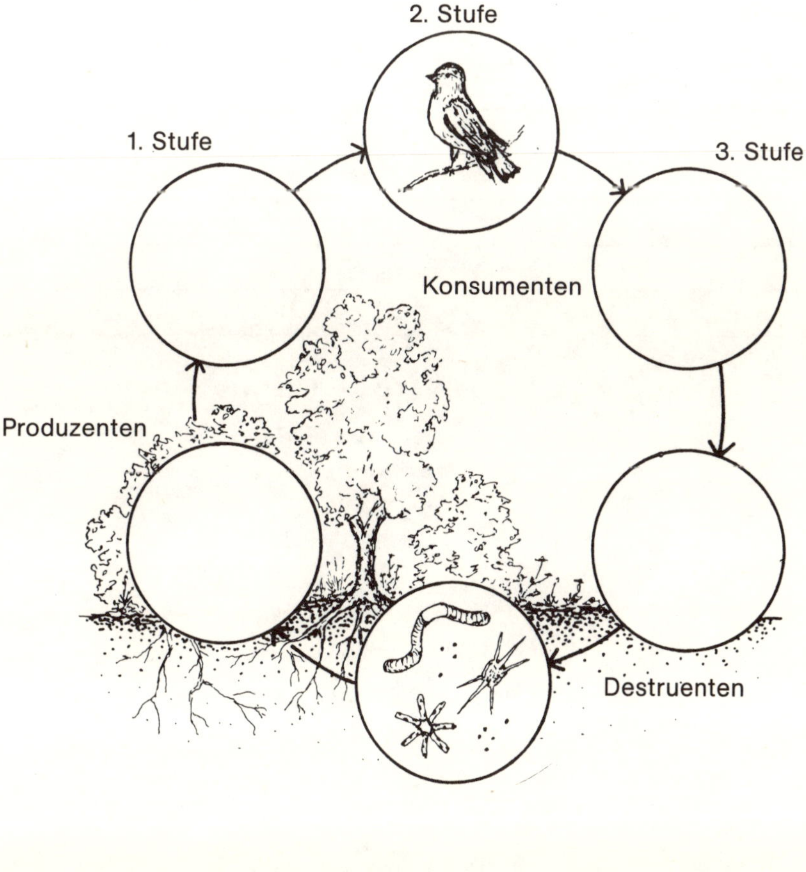

F

Fehlertext

In dem untenstehenden Text haben sich sieben inhaltliche Fehler eingeschlichen. Notieren Sie unten die falschen Aussagen.

In Baden-Württemberg unterscheidet sich das Gesetzgebungsverfahren für Umweltgesetze gegenüber ›Normalgesetzen‹ gemäß einer Landesverordnung durch ein verkürztes Verfahren, um auf Umweltprobleme besonders schnell reagieren zu können. Gesetzesanträge können von der Regierung, den Abgeordneten und jedem Bürger, der ein berechtigtes Interesse vorweisen kann, gestellt werden. Dann erarbeitet der Umweltausschuß, der wegen der Arbeitseffektivität nur aus einem Juristen pro Landtagsfraktion besteht, die konkrete und juristisch abgesicherte Gesetzesvorlage und legt diese der Landesregierung zur Beschlußfassung vor. Stimmt diese zu, dann haben die Bürger noch drei Wochen Zeit, gegebenenfalls Einspruch zu erheben. Ist diese Frist verstrichen, gilt das Gesetz als angenommen.

Die sieben Fehler im Text sind:

1. ______________________________
2. ______________________________
3. ______________________________
4. ______________________________
5. ______________________________
6. ______________________________
7. ______________________________

G

Solo

Formulieren Sie einen Antrag über ein Umweltthema, welches Sie gerne im Umweltausschuß behandelt sehen wollten.

Antrag:
Der Landtag wolle beschließen, die Landesregierung zu ersuchen ______________________________

____

____

____

____

____

____

____

____

Begründung des Antrages:

____

____

____

____

____

____

____

____

____

Kursprogramm

A

Streitlinie

»Weniger ist mehr, oder mehr ist nicht genug«

Über das Verhältnis von Ökonomie und Ökologie gibt es sehr unterschiedliche Meinungen. Konflikte in der Diskussion entstehen vor dem Hintergrund unterschiedlicher Wertvorstellungen und Einstellungsmuster. Die mehr industrielle (materielle) Weltanschauung geht davon aus, daß sich der Umweltschutz weitgehend im vorgegebenen Rahmen der sozialen und wirtschaftlichen Ordnung demokratischer Industrienationen regeln läßt: es handelt sich letztlich nur um einen Streit über die angemessene Verteilung von Gütern und den angemessenen Einsatz von (Hoch-)Technologie. Ganz anders ist es bei der postmateriellen Weltanschauung: Sie bezweifelt den Wert der Güter, kritisiert die Produktionsweise und vertritt eine ›einfache‹ Lebensweise. Die Industriegesellschaft soll von den Wurzeln her verändert und umgestaltet werden.

Nach Meroth/v. Moltke: *Umwelt und Umweltpolitik in der Bundesrepublik Deutschland*, München 1987, 126 f.

Meinungen Meinungen

Gruppe A:	**Gruppe B:**
Schwerpunkte der industriellen Weltanschauung	*Schwerpunkte der einfachen Lebensweise*
Wertvorstellungen	
Materielles Wachstum	Materielle Genügsamkeit, verbunden mit psychischer und geistiger Entwicklung
Der Mensch steht über der Natur	Der Mensch ist Bestandteil der Natur
In Konkurrenz stehende Selbstinteressen	Aufgeklärtes Selbstinteresse
Ausgeprägter Individualismus	Kooperativer Individualismus
Rationalismus	Rationalismus und Intuition
Soziale Charaktereigenschaften	
Große, unübersichtliche Lebens- und Arbeitsbereiche	Kleinere, durchschaubarere Lebens- und Arbeitsbereiche
Wachstum materieller Komplexität	Reduzierung materieller Komplexität
»Weltraum«-Technologie	Angepaßte Technologie
Konsum als Grundlage der Identität	Die Entwicklung innerer Fähigkeiten und zwischenmenschlicher Beziehungen als Grundlage der Identität
Zentrale Regulierung und Kontrolle auf nationaler/staatlicher Ebene	Größere lokale Selbstbestimmung, verbunden mit der Herausbildung globaler Institutionen
Spezialisierte Arbeitsfunktionen durch die Arbeitsteilung	Integrierte Arbeitsbereiche (z. B. Teamarbeit, Vielseitigkeit des Arbeitsplatzes etc.)
Orientierung am äußeren Wachstum	Gleichgewicht zwischen äußerem und innerem Wachstum
Massenhaft produzierte, schnell verbrauchte, standardisierte Produkte	Handwerklich hergestellte, dauerhafte, individuell angepaßte Produkte
Kulturelle Vereinheitlichung, teilweise Akzeptierung von Vielfältigkeit	Kulturelle Heterogenität, Bemühen um Vielfältigkeit
Großer Streß und Sachzwänge, »Hundeleben«	Entspannte Existenz (relaxed existence)

B

Workshop

Innerhalb des Workshops werden drei Gruppen gebildet für die Bereiche Parteien, Verbände, Bürgerinitiativen.
Jede Gruppe hat 30 Minuten Zeit, ihr Selbstverständnis zu erarbeiten. Dabei sollte der zentrale Gesichtspunkt sein: Wie sollte Umweltschutz und Umweltpolitik aussehen?
Erarbeiten Sie auf der Grundlage Ihrer Zielsetzung ein umweltpolitisches Programm, bedenken Sie auch Probleme und Grenzen, und entwickeln Sie eine Durchsetzungs- bzw. Handlungsstrategie.
Stellen Sie das Ergebnis auf einem Plakat oder einer Folie vor.
Im Plenum sollten Sie Ihre Arbeiten kritisch würdigen und gegebenenfalls in einer Diskussion vertreten.

Gründen Sie eine Partei, und entwerfen Sie zum Thema ein Programm und eine Strategie für einen Wahlkampf.

Gründen Sie einen Verband. Entwerfen Sie Zielsetzung, Satzung, Signet und Ihr Tätigkeitsfeld.

Gründen Sie eine Bürgerinitiative. Entwerfen Sie eine Ausgangslage, Handlungs- und Mobilisierungsstrategie und eigene Werbematerialien.

C

Plus – Minus

Man überlegt sich, eine Umweltsteuer einzuführen. Diese würde mehreren Zwecken dienen: zum einen würde sie die Güter derart verteuern, daß ihr Verbrauch reduziert würde, zum anderen könnte man mit den Mehreinnahmen Umweltschutzmaßnahmen finanzieren.

MEHRZWECKSTEUER: Vorschläge des Heidelberger UPI-Instituts für eine Umwelt-Besteuerung

Produkt	Verbrauch pro Jahr, Einheit	zusätzliche Öko-Steuer in Mark pro Einheit	zusätzliche Steuer-einnahmen in Milliarden Mark	geschätzter Minder-verbrauch in %
Benzin	33 595 000 000 Liter	1,90	48,68	–24
Diesel (besteuert)	14 800 000 000 Liter	1,90	21,03	–25
Wasser aus öffentl. Versorgung	6 530 000 000 m^3	2,50	14,39	–12
Heizöl	44 000 000 000 Liter	0,30	10,54	–20
Zigaretten	120 000 000 000 Stück	0,10	8,90	–26
Waschmittel	1 320 000 000 kg	3,20	3,38	–20
Pestizide	33 000 000 kg	48,00	0,86	–46
Batterien	450 000 000 Stück	1,90	0,66	–23
Getränke-dosen	3 400 000 000 Stück	0,40	0,58	–57
Treibgas-Spraydosen	140 000 000 Stück	6,00	0,34	–60

⊕ **Meine Meinung:** ⊖

Spontan finde ich gut/schlecht...

Meine Gruppe:

Die Diskussion ergab als Plus und Minus...

D

Ampelspiel

Der Leiter erklärt, daß das Ampelspiel möglichst spontane öffentliche Entscheidungen erzielen will, damit wir uns unserer eigenen Einstellung bewußt werden und sie aufgrund anderer Einstellungen überprüfen können.

Jeder erhält die drei Farbkarten; wenn er einer vorgetragenen Behauptung zustimmen will, hebt er die grüne Karte hoch, bei Ablehnung die rote Karte, bei unentschiedener oder zurückhaltender Meinung die gelbe Karte.

Die Behauptungen werden der Reihe nach vorgetragen; die Teilnehmer erhalten erst am Schluß den Themenkatalog, falls eine anschließende Diskussion geplant ist. Der Leiter sollte immer mitabstimmen, aber die Entscheidungen nicht kommentieren.

(rot) stimme nicht zu

(gelb) weiß nicht

(grün) stimme zu

Ampelspiel: *UMWELT*	rot	gelb	grün
1. Heute zu leben ist schwieriger als vor zwanzig Jahren.			
2. Auch in Zukunft wird der private Pkw das Hauptverkehrsmittel sein.			
3. Im Jahr 2000 wird das Waldsterben erfolgreich gestoppt sein.			
4. In fünfzehn Jahren werden alle Atomkraftwerke abgeschaltet sein.			
5. Wir müssen in Europa auch im Alleingang den Katalysator einführen.			
6. Das Umweltrecht sollte drastisch verschärft werden.			
7. Der Umweltminister sollte ein Vetorecht bei allen Baumaßnahmen haben.			
8. Geschwindigkeit 100 km/h sollte sofort eingeführt werden.			
9. Die Bundesrepublik sollte ein ökologisches Musterland werden.			
10. Jeder Haushalt darf nur noch ein Auto haben.			
11. Umweltsünder sollten härter bestraft werden.			
12. Man sollte eine Umweltsteuer einführen.			
13. Ausnahmegenehmigungen für Umweltbelastungen darf es nicht mehr geben.			
14. Es sollten keine Straßen (keine Autobahnen) mehr gebaut werden.			
15. Alle umweltgefährdenden Stoffe sollten gesetzlich verboten werden.			
16. Jeder Bürger sollte in einem Umweltverband mitarbeiten.			
17. Ökologie sollte Schulfach werden.			
18.			

LERNKONTROLLE

1

Was ist ein Naturdenkmal?

- ☐ a) Bauwerk zu Ehren der Natur
- ☐ b) besonders erhaltenswerte Einzelschöpfung der Natur
- ☐ c) Denkmal aus Natursteinen
- ☐ d) Erinnerungstafel an einen berühmten Naturschützer
- ☐ e) Freilichtmuseum

2

Welche Rechtsverordnungen können beim Umweltschutz berührt werden?

- ☐ a) Landesrecht
- ☐ b) Europäisches Recht
- ☐ c) Recht der kommunalen Selbstverwaltung
- ☐ d) Internationales Recht
- ☐ e) Bundesrecht

3

Welchen Anteil an den Schadstoffemissionen, die für das Waldsterben verantwortlich sind, hat der KFZ-Verkehr?

- ☐ a) gar keinen
- ☐ b) ca. 10%
- ☐ c) ca. 30%
- ☐ d) ca. 50%
- ☐ e) ca. 75%

4

Welche chemischen Verbindungen gelten hauptsächlich als Ursache des sauren Regens?

- ☐ a) Schwefeldioxid
- ☐ b) Stickoxide
- ☐ c) Kohlendioxide
- ☐ d) Photooxidanzen (z. B. Ozon)
- ☐ e) Fluorchlorkohlenwasserstoffe (FCKW)

5

Welche Folgen hat das Waldsterben?

- ☐ a) bessere Bodenbelüftung
- ☐ b) Erosion
- ☐ c) Klimastabilisierung
- ☐ d) Verkarstung
- ☐ e) extensive Landwirtschaft

6

Wo wird ein Umweltantrag in Baden-Württemberg zuerst behandelt?

- ☐ a) auf Gemeinde- und Kreisebene
- ☐ b) im zuständigen Landratsamt
- ☐ c) bei der Landesregierung
- ☐ d) bei Plenarsitzungen des Landtages
- ☐ e) im Umweltausschuß

7

Wieviele Mitglieder hat der Umweltausschuß in Baden-Württemberg (in der zehnten Legislaturperiode)?

- ☐ a) 5
- ☐ b) 9
- ☐ c) 17
- ☐ d) 22
- ☐ e) eine wechselnde Anzahl, je nach Thema

8

In welcher Zeit entwickelte sich der Umweltschutzgedanke in Deutschland?

☐ a) im Mittelalter
☐ b) im 19. Jahrhundert
☐ c) 1918 bei der Gründung der Weimarer Republik
☐ d) in Verbindung mit dem Entstehen der Bundesrepublik Deutschland
☐ e) in den siebziger Jahren dieses Jahrhunderts

9

Was war anfänglich der hauptsächliche Kristallisationspunkt der Umweltschutzbewegung?

☐ a) Widerstand gegen die Atomenergie
☐ b) Klimaveränderung
☐ c) Waldsterben
☐ d) Initiativen der Politiker
☐ e) Verschlechterung des Einkommens der Landwirte

10

Welche gesetzlichen Maßnahmen zur Verminderung der Schadstoffemissionen sind derzeit gültig?

☐ a) der sogenannte Nötigungsparagraph (§ 240 StGB)
☐ b) die sogenannte TA-Luft
☐ c) Art. 14, 2 Grundgesetz (Eigentum verpflichtet)
☐ d) Europäische Verordnung zur Umweltschadensabschätzung
☐ e) Großfeuerungsanlagenverordnung

(Lösungen im Anhang)

Umwelt-schutz in Recht und Verwaltung

Horst Lässing, Landrat
Dr. Stefan Rentzsch von Sichart

INFORMATIONSTEIL

Finden Sie selbst zu den Cartoons Bildunterschriften.

1. UMWELTSCHUTZ – EINE HERAUSFORDERUNG

Die Umweltschutzproblematik ist der Bereich der Politik, der in den letzten fünfzehn Jahren in das Zentrum der politischen Diskussion gerückt ist. Schwerwiegende Umweltkatastrophen, die wochenlang die Schlagzeilen der Medien füllen, sind besonders spektakuläre Beispiele und alarmierende Signale dafür, daß mit unserer Umwelt sorgsamer und vorausschauender umgegangen werden muß. Dieses Bewußtsein schlägt sich auch darin nieder, daß der Umweltschutz seit einigen Jahren bei Meinungsumfragen politisches Ziel Nr. 1 ist.

Dieses gestiegene Umweltbewußtsein breiter Bevölkerungsschichten hat seinen Niederschlag auch in der Politik gefunden. Die Bundesregierung und die Länder haben der Zunahme der Aufgaben im Umweltschutzbereich durch die Schaffung entsprechender Ministerien Rechnung getragen. Alle großen Parteien machen programmatische Aussagen zum Umweltschutz (siehe Kapitel II »Umweltschutz in Politik und Gesellschaft«).

Besonders wichtig ist es, die einzelnen Bürger aktiv in den Umweltschutz einzubeziehen, und es ist eine der vordringlichen Aufgaben von Politik, Gesetzgebung und Verwaltung, diesen individuellen und freiwilligen Weg zum Schutz der Umwelt nach Kräften zu fördern und zu verstärken: durch Aufklärung, Information und gezielte Beratung – aber auch durch rechtliche und verwaltungsmäßige umweltschutzfördernde Rahmenbedingungen. Zielgruppen sind dabei sowohl die einzelnen Bürger als auch die Landwirtschaft, das Handwerk, das produzierende Gewerbe und die Industrie. Erfreulicherweise hat sich gezeigt, daß Aufklärungsarbeit eine weitgehende Kooperationsbereitschaft im Umweltschutz ausgelöst hat.

Dieser freiwillige Weg im Umweltschutz darf aber nicht zu einer Privatisierung des Umweltschutzes führen. Dort, wo Appelle und Informationen nichts fruchten, ist nach wie vor der Staat als Gesetzgeber und Hüter der Rechtsordnung gefragt. Es darf nicht sein, daß Uneinsichtige durch umweltbelastendes Verhalten wirtschaft-

Vom Stillen abgeraten

STUTTGART. Das Stuttgarter Regierungspräsidium hat aufgrund neuer Analyseergebnisse einer Frau in Crailsheim-Maulach wegen erhöhter Dioxinwerte in der Muttermilch vom Stillen ihres Kleinkindes abgeraten. Die Frau wohnt in der Nähe des dioxinverseuchten Geländes der ehemaligen Kabelverschwelanlage in Maulach. Bei Muttermilchanalysen von drei anderen Frauen waren die Sicherheitsabstände zum sogenannten No-Effekt-Level groß genug, um in diesen Fällen das Stillen „noch als vertretbar“ anzusehen.

Südwest Presse

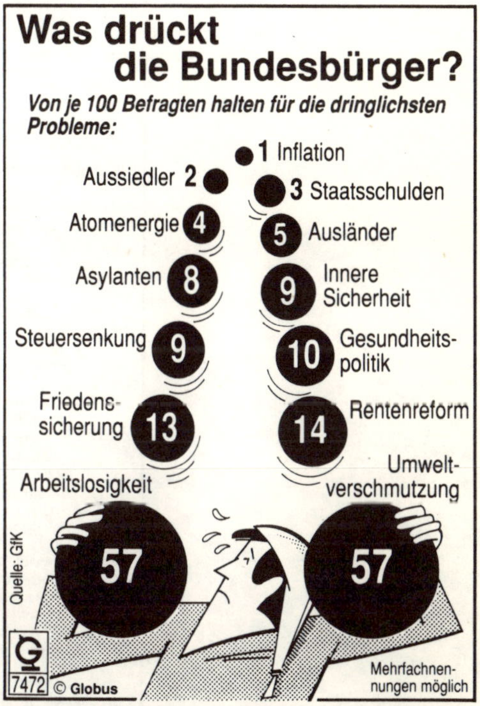

Was den Umweltschutz anbelangt, ist die öffentliche Meinung einem Wandel unterworfen, der einen deutlichen Trend aufweist. Waren noch vor wenigen Jahren 57 % der befragten Bundesbürger der Meinung, daß die Umweltproblematik genauso wie die Arbeitslosigkeit zu den dringlichsten Problemen gehören, so ist diese Haltung schon wieder überholt. Zwischenzeitlich zeigen neueste demoskopische Umfragen, daß über 80 % der repräsentativ Befragten die Auffassung vertreten, daß die Umweltvorsorge das dringlichste gesellschaftliche und politische Thema sei. Jedoch gibt es noch eine große Diskrepanz zwischen der Umweltsensibilität auf der einen Seite und der Bereitschaft des einzelnen auf der anderen Seite. Zu einem echten Umweltbewußtsein gehört jedoch auch das Engagement im persönlichen Bereich.

1. Umweltverfassungsrecht

1.1. **Grundgesetz für die Bundesrepublik Deutschland** (Auszug) . . . .

2. Allgemeines Umweltverwaltungsrecht

2.0. Organisationserlaß des Bundeskanzlers (Auszug) . . . .
2.1. **Gesetz über die Errichtung eines Umweltbundesamtes** . . . .
2.2. Erlaß über die Einrichtung eines Rates von Sachverständigen für Umweltfragen bei dem Bundesminister des Innern . . . .
2.3. **Gesetz über Umweltstatistiken** . . . .
2.4. Grundsätze für die Prüfung der Umweltverträglichkeit öffentlicher Maßnahmen des Bundes . . . .
2.5. Richtlinie des Rates der Europäischen Gemeinschaften über die Umweltverträglichkeitsprüfung bei bestimmten öffentlichen und privaten Projekten . . . .

3.–9. Besonderes Umweltverwaltungsrecht

3. Naturschutz und Landschaftspflege

3.1. **Gesetz über Naturschutz und Landschaftspflege (Bundesnaturschutzgesetz – BNatSchG)** . . . .
3.1.1. Verordnung zum Schutz wildlebender Tier- und Pflanzenarten (Bundesartenschutzverordnung – BArtSchV) .
3.2. **Gesetz zur Erhaltung des Waldes und zur Förderung der Forstwirtschaft (Bundeswaldgesetz)** (Auszug) . . . .
3.3 **Tierschutzgesetz** . . . .

4. Gewässerschutz

4.1. **Gesetz zur Ordnung des Wasserhaushalts (Wasserhaushaltsgesetz – WHG)** . . . .
4.2. **Gesetz über Abgaben für das Einleiten von Abwasser in Gewässer (Abwasserabgabengesetz – AbwAG)** . . . .
4.3. **Gesetz über die Umweltverträglichkeit von Wasch- und Reinigungsmitteln (Wasch- und Reinigungsmittelgesetz – WRMG)** . . . .

5. Abfallentsorgung

5.1. **Gesetz über die Vermeidung und Entsorgung von Abfällen (Abfallgesetz – AbfG)** . . . .
5.1.1. Verordnung über Betriebsbeauftragte für Abfall . . . . .
5.1.2. Verordnung zur Bestimmung von Abfällen nach § 2 Abs. 2 des Abfallbeseitigungsgesetzes . . . .
5.1.3. Abfallnachweis-Verordnung (AbfNachwV) . . . .
5.1.4. Verordnung über das Einsammeln und Befördern von Abfällen (Abfallbeförderungs-Verordnung – AbfBefV)
5.1.5. Verordnung über die Einfuhr von Abfällen (Abfalleinfuhr-Verordnung – AbfEinfV) . . . .
5.1.6. Klärschlammverordnung – AbfKlärV . . . .

6. Immissionsschutz (Luftreinhaltung, Lärmbekämpfung)

6.1. **Gesetz zum Schutz vor schädlichen Umwelteinwirkungen durch Luftverunreinigungen, Geräusche, Erschütterungen und ähnliche Vorgänge (Bundes-Immissionsschutzgesetz – BImSchG)** . . .
6.1.1. Erste Verordnung zur Durchführung des Bundes-Immissionsschutzgesetzes (Verordnung über Feuerungsanlagen – 1. BImSchV) . . . .
6.1.2. Zweite Verordnung zur Durchführung des Bundes-Immissionsschutzgesetzes (Verordnung zur Emissionsbegrenzung von leichtflüchtigen Halogenkohlenwasserstoffen – 2. BImSchV) . . . .
6.1.3. Dritte Verordnung zur Durchführung des Bundes-Immissionsschutzgesetzes (Verordnung über Schwefelgehalt von leichtem Heizöl und Dieselkraftstoff – 3. BImSchV) . . . .
6.1.4. Vierte Verordnung zur Durchführung des Bundes-Immissionsschutzgesetzes (Verordnung über genehmigungsbedürftige Anlagen – 4. BImSchV) . . . .
6.1.5. Fünfte Verordnung zur Durchführung des Bundes-Immissionsschutzgesetzes (Verordnung über Immissionsschutzbeauftragte – 5. BImSchV) . . . .
6.1.6. Sechste Verordnung zur Durchführung des Bundes-Immissionsschutzgesetzes (Verordnung über die Fachkunde und Zuverlässigkeit der Immissionsschutzbeauftragten – 6. BImSchV) . . . .
6.1.7. Siebente Verordnung zur Durchführung des Bundes-Immissionsschutzgesetzes (Verordnung zur Auswurfbegrenzung von Holzstaub – 7. BImSchV) . . . .
6.1.8. Achte Verordnung zur Durchführung des Bundes-Immissionsschutzgesetzes (Rasenmäherlärm) – 8. BImSchV – . . . .
6.1.9. Neunte Verordnung zur Durchführung des Bundes-Immissionsschutzgesetzes (Grundsätze des Genehmigungsverfahrens) – 9. BImSchV – . . . .
6.1.10. Zehnte Verordnung zur Durchführung des Bundes-Immissionsschutzgesetzes (Beschränkung von PCB, PCT und VC) – 10. BImSchV – . . . .
6.1.11. Elfte Verordnung zur Durchführung des Bundes-Immissionsschutzgesetzes (Emissionserklärungsverordnung) – 11. BImSchV – . . . .
6.1.12. Zwölfte Verordnung zur Durchführung des Bundes-Immissionsschutzgesetzes (Störfall-Verordnung) – 12. BImSchV – . . . .
6.1.13. Dreizehnte Verordnung zur Durchführung des Bundes-Immissionsschutzgesetzes (Verordnung über Großfeuerungsanlagen – 13. BImSchV) . . . .
6.1.14. Vierzehnte Verordnung zur Durchführung des Bundes-Immissionsschutzgesetzes (Verordnung über Anlagen der Landesverteidigung – 14. BImSchV) . . . .
6.1.15. Fünfzehnte Verordnung zur Durchführung des Bundes-Immissionschutzgesetzes (Baumaschinenlärm-Verordnung – 15. BImSchV) . . . .
6.2. **Gesetz zur Verminderung von Luftverunreinigungen durch Bleiverbindungen in Ottokraftstoffen für Kraftfahrzeugmotore (Benzinbleigesetz – BzBlG)** . . . .
6.3. **Gesetz zum Schutz gegen Fluglärm** . . . .

7. Kernenergie und Strahlenschutz

7.1. **Gesetz über die friedliche Verwendung der Kernenergie und den Schutz gegen ihre Gefahren (Atomgesetz)** . . . .
7.1.1. Verordnung über das Verfahren bei der Genehmigung von Anlagen nach § 7 des Atomgesetzes (Atomrechtliche Verfahrensverordnung – AtVfV) . . . .
7.2 **Gesetz zum vorsorgenden Schutz der Bevölkerung gegen Strahlenbelastungen (Strahlenschutzvorsorgegesetz – StrVG)** . . . .

8. Energieeinsparung

8.1. **Gesetz zur Sicherung der Energieversorgung bei Gefährdung oder Störung der Einfuhren von Erdöl, Erdölerzeugnissen oder Erdgas (Energiesicherungsgesetz 1975)** . . . .
8.2. **Gesetz zur Einsparung von Energie in Gebäuden (Energieeinsparungsgesetz – EnEG)** . . . .

9. Schutz vor gefährlichen Stoffen

9.0. **Gesetz zum Schutz vor gefährlichen Stoffen (Chemikaliengesetz – ChemG)** . . . .
9.0.1. Verordnung über die Gefährlichkeitsmerkmale von Stoffen und Zubereitungen nach dem Chemikaliengesetz (ChemG Gefährlichkeitsmerkmale-V) . . . .
9.0.2. Verordnung über Anmeldeunterlagen und Prüfnachweise nach dem Chemikaliengesetz (ChemG Anmelde- und PrüfnachweisV) . . . .
9.0.3 Verordnung über gefährliche Stoffe (Gefahrstoffverordnung – GefStoffV) . . . .
9.1. **Gesetz über den Verkehr mit DDT (DDT-Gesetz)** . . . .
9.2. **Gesetz zum Schutz der Kulturpflanzen (Pflanzenschutzgesetz – PflSchG)** . . . .
9.3. **Düngemittelgesetz** . . . .
9.4. **Gesetz über die Beförderung gefährlicher Güter** . .

10. Umweltprivatrecht

10.1. **Bürgerliches Gesetzbuch** (Auszug) . . . .

11. Umweltstrafrecht

11.1. **Strafgesetzbuch (StGB)** (Auszug) . . . .
11.2. **Gesetz über Ordnungswidrigkeiten (OWiG)** (Auszug) . . . .

Übersicht über Umweltrecht und Umweltstrafrecht. Aus: Beck – Texte im dtv *Umwelt-Recht*, 4. neubearb. und erweiterte Aufl., München 1987.

liche Vorteile haben, der Schaden und die Wiedergutmachung der Umweltverschmutzung aber der Allgemeinheit auferlegt werden.

In diesem Spannungsfeld von Ökonomie und Ökologie bleibt oft nur der Gesetzgebungs- und Verordnungsweg. Als Beispiel mag hier der Streit um die bei der Herstellung und Entsorgung sehr umweltbelastenden 1,5-Liter-Plastikflaschen gelten, der letztendlich dazu geführt hat, daß die Bundesregierung eine Rücknahmepflicht für diese Flaschen durch eine Pfandflaschenverordnung verfügen mußte.

Die Aufgabe der Politik besteht aber nicht nur darin, Einzelprobleme durch Gesetz und Verordnung zu regeln. Die Parlamente und die politischen Parteien müssen im Rahmen ihres verfassungsrechtlichen Auftrages die Eckdaten der Umweltpolitik setzen. Dies geschieht durch die zum Schutz der Umwelt erlassenen Gesetze wie etwa dem Bundesimmissionsschutzgesetz, dem Wasserhaushaltsgesetz, den Wassergesetzen der Länder, den Naturschutzgesetzen von Bund und Ländern und den Abfallgesetzen von Bund und Ländern – um nur einige der wichtigsten zu nennen – sowie durch entsprechende Verordnungen (siehe Grafik S. 64). Dies ist der Rahmen, in dem die Verwaltung agiert und sich beide Wege zum Umweltschutz – der freiwillige Weg und der durch Verordnungen bzw. gesetzliche Vorlagen bestimmte Weg – abspielen.

Als Beispiel für dieses Zusammenspiel von Politik, Gesetzgebung, Verwaltung und freiwilligem Engagement der Bürger mag die Abfallbeseitigung gelten. Es gilt der Grundsatz: Abfallvermeidung vor Abfallverwertung, Abfallverwertung vor Abfallentsorgung. Dieser programmatische Leitgedanke ist Grundlage des Abfallgesetzes der Bundesrepublik Deutschland und der Bundesländer. Innerhalb dieses Rahmens führen vor allem die Landkreise und die Kommunen umfangreiche Aufklärungsarbeit zur Müllvermeidung und zur Müllverwertung durch. Diese Aktivitäten fallen insgesamt auf fruchtbaren Boden – wenn sie auch nicht ausrei-

Der Sondermüll wird in den Landkreisen zum Teil durch mobile Annahmestellen entsorgt.

chen. In zahlreichen Haushalten wird heute versucht, die Abfallmenge so gering wie möglich zu halten, der Kauf von Pfandflaschen wird demjenigen von Einwegflaschen vorgezogen und es wird darauf geachtet, Produkte mit übermäßiger Verpackung zu meiden. In vielen Haushalten werden auch wiederverwertbare Stoffe wie Altglas, Altpapier, Aluminium und teilweise Kunststoff getrennt gesammelt und in die aufgestellten Container abgegeben. Problemmüll wie Farben, Lacke oder Altbatterien werden häufig nicht mehr in den Hausmüll geworfen, sondern zu entsprechenden Giftmüllsammelstellen bzw. -bussen gebracht. Nicht gelöst ist trotz dieses Engagements der einzelnen Bürger die ordnungsgemäße Beseitigung von Sonderabfällen (Stichwort: Mülltourismus). Hier sind Regierungen und Parlamente in besonderer Weise gefordert, diese Probleme anzupacken und endlich einer Lösung zuzuführen.

Bei der Lösung und Durchführung von Aufgaben im Umweltschutz kann es für den Gesetzgeber und für die Verwaltung zu Konflikten kommen. Auch hier ist der Bereich der Abfallbeseitigung ein gutes Beispiel. Die Einrichtung einer Hausmülldeponie, die zu einer geordneten und umweltschonenden Entsorgung von Abfällen notwendig ist, schafft Probleme für den Boden und das Grundwasser. Eine große technische Abfallbeseitigungsanlage, die ebenfalls notwendig sein könnte, stellt eine genehmigungsbedürftige Anlage im Sinne des Immissionsschutzrechts dar und ist häufig ein schwerwiegender Eingriff in Natur und Landschaft.

Es ist eine der schwierigsten Aufgaben der Verwaltung, die verschiedenen Komponenten des Umweltschutzes bei Konfliktlagen im Interesse der Erhaltung der natürlichen Lebensgrundlagen in Einklang zu bringen. Dies gilt noch mehr bei Konflikten zwischen Umweltschutz und anderen Bereichen. Dem Umweltschutz kommt als Grundlage unserer Existenz zwar eine ganz herausragende Bedeutung zu, andere Belange z. B. aus dem Bereich der Wirtschaft zur Schaffung oder Sicherung von Arbeitsplätzen oder auch bauliche Maßnahmen, die der Verkehrssicherheit dienen, sind ebenfalls für unsere Existenz bedeutsam und müssen berücksichtigt werden. Hier gilt es, durch vernünftiges Abwägen der Interessen zu einem tragfähigen und zukunftsorientierten Konsens zu kommen.

Die Natur kennt keinen Abfall. Das zeigen uns Ökosysteme wie der Wald, welche vom ständigen Werden und Vergehen bestimmt sind. Alles befindet sich in einem natürlichen Kreislauf.

...; sonst wachsen die Abfallberge weiter, und wir können die damit verbundenen Probleme weder ökonomisch noch ökologisch in den Griff bekommen.

Recyclingprogramm des Rems-Murr-Kreises: eine Wertstoffstation.

2. UMWELTSCHUTZ – AUFGABENFELDER DER VERWALTUNG

Die Verwaltung hat in bezug auf den Umweltschutz die Aufgabe, die politischen Zielvorgaben, wie sie in den zum Schutz der Umwelt erlassenen Gesetzen formuliert sind, in die tägliche Praxis umzusetzen. Dies geschieht zum einen auf dem Wege typischen Verwaltungshandelns zwischen dem Träger der öffentlichen Belange und dem Bürger. Um die Akzeptanz der Umweltmaßnahmen zu erhöhen, muß die Verwaltung über die bestehenden Umweltprobleme informieren und dem Bürger klarmachen, wie er mit seiner Umwelt verantwortungsbewußt umgehen kann. Dazu gehört auch die Information über den Sinn und Zweck der Umweltgesetze. Erfreulicherweise ist festzustellen, daß sich die öffentlichen Verwaltungen immer mehr diesen Anforderungen stellen und durch Umweltberichte, Informationsschriften und Broschüren der Bürgerschaft die erforderlichen Informationen zukommen lassen.

Insbesondere die Landratsämter als umfassende Umweltbehörden sollten dabei dynamisch und vorbildlich, einfallsreich und vorausschauend dieser Aufgabe nachkommen. Als untere Naturschutzbehörde vor Ort sind sie besser in der Lage, aktuelle Aufgaben schnell und effektiv anzupacken. Die Landratsämter haben

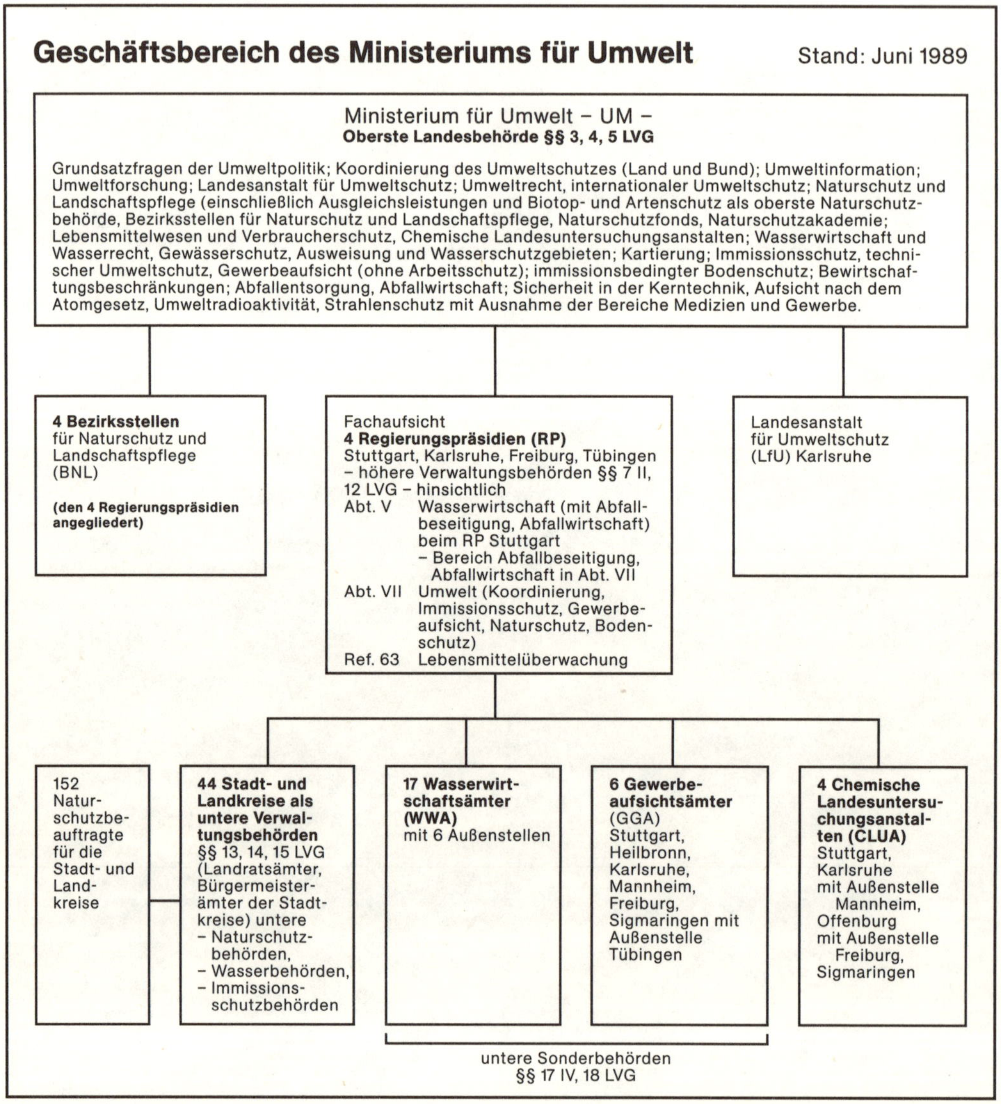

Exemplarisch für ähnliche Ministerien in den einzelnen Bundesländern ist hier die Geschäftsaufteilung des Ministeriums für Umwelt Baden-Württemberg dargestellt.

darüber hinaus eine wichtige Mittleraufgabe zwischen Staat und Bürger, also zwischen der Allgemeinheit, der normativen Regelung und dem konkreten Einzelfall.

Im nachfolgenden sollen Aufbau und Zuständigkeit der Verwaltung, insbesondere der Umweltbehörden am Beispiel der Bundeslandes Baden-Württemberg in einem kurzen Überblick dargestellt werden.

Der Aufbau der Verwaltung in Baden-Württemberg unterscheidet drei Ebenen: Die obersten Landesbehörden sind die Landesregierung, der Ministerpräsident, die Ministerien und der Rechnungshof; die Regierungspräsidien sind die höheren Verwaltungsbehörden; die Landratsämter und teilweise die Großen Kreisstädte und Verwaltungsgemeinschaften sind die unteren Verwaltungsbehörden.

Im Umweltbereich ergibt sich aus diesem Verwaltungsaufbau, daß das Ministerium für Umwelt oberste Behörde für Umwelt ist. Hier werden die Grundsatzentscheidungen im Zusammenspiel mit der gesamten Landesregierung bezüglich der Umweltpolitik getroffen und besonders gravierende Einzelfälle behandelt. Höhere Behörden in Umweltschutzfragen sind die vier Regierungspräsidien in Stuttgart, Tübingen, Freiburg und Karlsruhe.

Die Aufgaben der unteren Verwaltungsbehörden im Umweltschutz nehmen maßgebend die 35 Landratsämter und die Bürgermeisterämter der Stadtkreise wahr. § 16 des Landesverwaltungsgesetzes schließt die Aufgaben der unteren Immissionsschutz-, unteren Naturschutz- und unteren Wasserbehörde von den Zuständigkeiten der Großen Kreisstädte und Verwaltungsgemeinschaften aus. Damit sind die Landratsämter und die Bürgermeisterämter der Stadtkreise umfassende Umweltbehörden für das gesamte Gebiet des jeweiligen Land- oder Stadtkreises. Bis auf wenige Fälle, die wegen ihrer besonderen Bedeutung oder ihres besonderen Umfangs den Regierungspräsidien zuständigkeitshalber zugewiesen sind, sind vor allem die Landratsämter für alle umweltrelevanten Verwaltungsverfahren zuständig.

Neben dieser Aufgabe als untere Verwaltungsbehörde im Umweltschutz wurden die Landratsämter als Behörden der Landkreise ebenso wie die Stadtkreise durch das Abfallgesetz für Baden-Württemberg mit der wichtigen Aufgabe der Abfallbeseitigung betraut. Zwar wurde teilweise von der vom Gesetz eingeräumten Möglichkeit Gebrauch gemacht, die Aufgabe des Einsammelns und Beförderns von Abfällen an die Gemeinden zu delegieren, die Einrichtung und der Betrieb von Abfallbeseitigungsanlagen wie Hausmülldeponien, Erddeponien, Müllverbrennungs- oder Verschwelungsanlagen, Kompostwerken u. a. verbleibt aber bei den Stadt- und Landkreisen.

Festzuhalten ist also folgendes: Die Landratsämter und die Bürgermeisterämter der Stadtkreise sind umfassende Umweltbehörden. Sie haben eine doppelte Funktion: als staatliche Behörde und als Selbstverwaltungsbehörde des Landkreises.

3. UMWELTSCHUTZ – SEINE GESETZLICHE VERANKERUNG

3.1 IMMISSIONSSCHUTZ

Da von bestimmten gewerblichen und industriellen Produktionsweisen Gesundheitsgefahren ausgehen können, haben schon im letzten Jahrhundert einige Gesetze, wie etwa die Gewerbeordnung für den Norddeutschen Bund vom 21. Juni 1869, gewisse Anlagen einer Genehmigungspflicht unterworfen.

Heute ist das Bundesimmissionsschutzgesetz vom 15. März 1974 (zuletzt geändert am 23. Februar 1983) mit den dreizehn Bundesimmissionsschutzverordnungen zentrale Rechtsgrundlage des Immissionsschutzrechts. Der Zweck dieses Gesetzes ist es, vor allem Menschen sowie Tiere und Pflanzen vor schädlichen Umwelteinwirkungen und – bei genehmigungsbedürftigen Anlagen – vor Gefahren, erheblichen Nachteilen und erheblichen Belästigungen zu schützen und dem Entstehen schädlicher Umwelteinwirkungen vorzubeugen.

Schädliche Umwelteinwirkungen sind Immissionen, Gefahren also, die erhebliche Nachteile oder beträchtliche Belästigungen für die Allgemeinheit oder die Nachbarschaft herbeiführen können. Hierzu gehören Luftverunreinigungen, Geräusche, Erschütterungen, Licht, Wärme, Strahlen und ähnliche Umwelteinflüsse.

Genehmigungspflichtige Anlage: Überlandleitung

Ein großes Problem: die Beseitigung der Altlasten

Weniger Sonnenschein durch Kühlturmdampf

Die Kühlturmfahne des schweizerischen Kernkraftwerks Leibstadt wirkt sich meßbar auf die Tageslichtverhältnisse in der deutschen Nachbarschaft aus. Nach einem vom Landratsamt Waldshut-Tiengen bekanntgegebenen Gutachten des Deutschen Wetterdienstes Offenbach ist besonders die Bevölkerung von Dogern betroffen. Ein Sprecher des Landratsamtes teilte gestern mit, die Gutachter hätten für den Bereich der 2200 Einwohner großen Hochrheingemeinde eine durch den Schattenwurf der Dampfschwaden verursachte Sonnenscheineinbuße von durchschnittlich 100 Minuten an sonnigen Wintertagen und von 30 Minuten an Sonnentagen im Frühjahr und Herbst errechnet. Die mit dem Schattenwurf verbundene Lichteinbuße wurde auf 65, bei bedecktem Himmel auf 20 Prozent beziffert. Nach Angaben des Sprechers wird das Landratsamt mit dem schweizerischen Kraftwerksbetreiber darüber sprechen, welche Folgerungen aus dem Gutachten zu ziehen sind. Bezahlt wurde das 10 000 Mark teure Gutachten von Schweizer Seite. *lsw*

Südwest Presse

Dabei wird zwischen genehmigungsbedürftigen und nicht genehmigungsbedürftigen Anlagen unterschieden. Welche Anlagen eine immissionsschutzrechtliche Genehmigung benötigen, regelt der umfangreiche Katalog der vierten Bundesimmissionsschutzverordnung, der von Kraftwerken über Kühltürme, Elektroumspannanlagen, Destillationsanlagen, Zementwerken, Anlagen zum Brennen keramischer Erzeugnisse, Schmelzanlagen, Gießereien und chemischen Fabriken bis zu Lackieranlagen, Papiermaschinen oder Intensivtierzuchtanlagen reicht, um nur einige Beispiele zu nennen. Alle diese Anlagen müssen, bevor sie errichtet und betrieben werden, ein umfangreiches Genehmigungsverfahren durchlaufen, so daß die Landratsämter oder Bürgermeisterämter der Stadtkreise zuständig sind.

Nur wenige besonders große Verfahren liegen in der Zuständigkeit der Regierungspräsidien oder des Umweltministeriums.

3.2 WASSERRECHT

Wasser ist unser wichtigstes Lebensmittel. »Ohne Wasser ist kein Heil«, wie schon Goethe im zweiten Teil des *Faust* feststellte. Mit dem Wasser schützen wir eine der unabdingbaren Grundlagen allen Lebens auf unserer Erde. Diese existentielle Schutzaufgabe nehmen die Wasserbehörden wahr. Hier sind die Landratsämter und die Bürgermeisterämter der Stadtkreise als untere Wasserbehörde umfassend zuständig. Die unteren Wasserbehörden erteilen die Genehmigungen für Wasserentnahmen, Ausbaumaßnahmen an den Gewässern selbst, Baumaßnahmen an Gewässern, wie z. B. Brükken, kümmern sich um den Bereich des Grundwasserschutzes mit der Abwehr von Gefährdungen und der Ausweisung von Wasserschutzgebieten. Sie treffen die Entscheidung über Abwasserbeseitigungsanlagen wie Sammelkläranlagen oder Regenüberlaufbecken, und sie sind zuständig für die Genehmigung kleinerer Abfallbeseitigungsanlagen, für Transportgenehmigungen gewerblicher Abfallbeseitiger und für die Überwachung von Sondermülltransporten.

Besonderen Vorrang genießt dabei der *Schutz des Grundwassers* als einem uns wichtigen Vorratsschutz. Es gilt, möglichen Verunreinigungen des Grundwassers vorzubeugen aber auch bereits eingetretene Schädigungen zu beseitigen.

Dem präventiven Grundwasserschutz dient vor allem die Ausweisung von Wasserschutzgebieten. Dies erfolgt durch Rechtsverordnungen, die von den Landratsämtern erlassen werden. Diese Verordnungen enthalten Verbote für alle Handlungen, die möglicherweise zu Verunreinigungen des Grundwassers führen könnten. Diese Verbote sind nach der Nähe zu der Quelle oder zu dem Brunnen, aus dem das Wasser gewonnen wird, abgestuft. Der eigentliche Fassungsbereich der Quelle genießt einen vollständigen Schutz. Hier darf nur gemäht werden. Die sogenannte 50-Tage-Linie begrenzt die Schutzzone II. Diese 50-Tage-Linie ist der Punkt, von dem aus Bakterien 50 Tage benötigen, um in die Wasserfassung zu gelangen. Dabei geht man davon aus, daß alle Bakterien innerhalb von 50 Tagen absterben. In dieser Schutzzone gelten relativ enge Verbotsbestimmungen. Der Einzugsbereich, aus dem die Wasserfassung ihr Wasser bezieht, bildet die Schutzzone III. Hier müssen für die Abwasserbeseitigung und für die Lagerung (z. B. von Heizöl) besondere Schutzvorkehrungen getroffen werden, und die Landwirtschaft unterliegt Einschränkungen hinsichtlich der Düngung und der Anwendung von Pflanzenschutzmitteln. Um die wirtschaftlichen Nachteile, die die Landwirtschaft hierdurch erleidet, auszugleichen, wird den Landwirten eine Ausgleichszahlung gewährt.

Aus: Umweltschutz in Baden-Württemberg, *Wasser*, Ministerium für Umwelt Baden-Württemberg.

Das immissionsschutzrechtliche Genehmigungsverfahren ist sehr formell. Schon die einzureichenden Antragsunterlagen sind durch eine Rechtsverordnung vorgeschrieben. Diese Unterlagen werden sehr genau von den Landratsämtern und den Gewerbeaufsichtsämtern, die die Anträge aus technischer Sicht überprüfen, auf ihre Genehmigungsfähigkeit hin geprüft. Zusammen mit dem Gewerbeaufsichtsamt werden die zum Schutz der Umwelt und der Menschen erforderlichen Auflagen festgelegt, die Teil der Genehmigung werden. Die immissionsschutzrechtliche Genehmigung umfaßt dabei auch die anderen erforderlichen Genehmigungen wie beispielsweise die Baugenehmigung.

Damit aber noch nicht genug: Die Betreiber solcher genehmigungspflichtigen Anlagen sind verpflichtet, den Landratsämtern im zweijährlichen Rhythmus alle Änderungen der Anlagen mitzuteilen. Diese Änderungen bedürfen dann selbst wieder einer Änderungsgenehmigung.

Eine wichtige Aufgabe im Rahmen genehmigungsbedürftiger Anlagen ist die sogenannte

Altanlagensanierung. Ziel dieser Altanlagensanierung ist es, alle vor dem 1. April 1986 genehmigten Anlagen, die schädliche Auswirkungen für die Luft haben können, an die verschärften Anforderungen der TA-Luft (Technische Anleitung zur Reinhaltung der Luft) von 1986 anzupassen.

Den wesentlich größeren Anteil an Anlagen im Sinne des Immissionsschutzrechtes stellen diejenigen dar, für die keine Genehmigung nach dem Immissionsschutzrecht erforderlich ist. An diese Anlagen werden geringere Anforderungen gestellt. Sie sind so zu betreiben, daß schädliche Umwelteinwirkungen verhindert werden, die nach dem Stand der Technik vermeidbar sind, daß *nach dem Stand der Technik unvermeidbare* schädliche Umwelteinwirkungen auf ein Mindestmaß beschränkt werden und die beim Betrieb der Anlagen entstehenden Abfälle ordnungsgemäß beseitigt werden können. Bei diesen Anlagen werden die Behörden in der Regel erst dann aktiv, wenn durch Beschwerden Mängel bekannt werden. Dies kann z. B. durch Rauchbelästigungen, Gerüche, Erschütterungen oder Lärm der Fall sein, die von Gewerbebetrieben, Industriebetrieben, Handwerksbetrieben oder Gaststätten ausgehen können. Auch hier wird im Zusammenspiel mit der technischen Fachbehörde (dem Gewerbeaufsichtsamt) geprüft, ob tatsächlich vermeidbare, wesentliche Beeinträchtigungen vorliegen und wie hier Abhilfe geschaffen werden kann.

Ein weiteres umfangreiches Feld im Immissionsschutz stellt die Überwachung der *Hausfeuerungsanlagen* dar. Diese ist durch die erste Bundesimmissionsschutzverordnung geregelt. Zuständig sind die Bezirksschornsteinfeger, die wiederum der Aufsicht der Landratsämter unterstehen.

Neben diesem vorbeugenden Grundwasserschutz steht das Aufspüren und Sanieren von bereits eingetretenen Grundwasserverunreinigungen. Ein Schwerpunkt dieser Tätigkeit war landesweit in den vergangenen Jahren die systematische Suche nach Grundwasserverunreinigungen durch chlorierte Kohlenwasserstoffe *(CKW)*. Hier haben die Kontrolleure der Wasserwirtschaftsämter und der Landratsämter systematisch diejenigen Betriebe aufgesucht, in denen mit diesen Stoffen gearbeitet wird. Wurde dabei festgestellt, daß unsachgemäß, also ohne die erforderlichen Absicherungen, mit CKW umgegangen wurde, sind Gutachter mit der Ermittlung des Schadensumfangs und des Schadenszentrums beauftragt worden. Anhand dieser Gutachten werden dann in gemeinsamer Arbeit zwischen Betrieb, Gutachter, Wasserwirtschaftsamt und Landratsamt die erforderlichen Sanierungsmaßnahmen festgelegt. Diese Sanierungen dauern, wegen der Beständigkeit der chlorierten Kohlenwasserstoffe, oftmals viele Jahre. Erfreulich ist dabei, daß die betroffenen Betriebe weitgehend zur Kooperation mit den Behörden bereit sind. Nur dank dieser vertrauensvollen Zusammenarbeit kann rasch und effektiv den bereits eingetretenen Verunreinigungen entgegengetreten werden.

Eine geregelte *Abwasserbeseitigung* dient vor allem der Reinhaltung unserer Gewässer. Erforderlich sind hierzu leistungsfähige Kläranlagen, die alle Stoffe ausfiltern, die das Leben in unseren Gewässern gefährden können. Insgesamt ist der Standard bei den Kläranlagen in Baden-Württemberg positiv zu bewerten, nachdem in den letzten zwanzig Jahren landesweit etwa 9 Mrd. DM aufgewendet worden sind, um Kläranlagen zu bauen. In den nächsten Jahren müssen aber weitere Schritte zum Herausfiltern von Phosphat unternommen werden.

Genauso wichtig ist eine sachgerechte Regenwasserbehandlung. Hier geht es darum, daß die gefährlichen Ablagerungen aus der Kanalisation bei starken Regenfällen nicht in die Gewässer gelangen. Dies kann durch Regenüberlaufbecken verhindert werden, die nach solchen starken Regenfällen einen geregelten Abfluß des Wassers sicherstellen und die gefährliche Ablagerungen zurückhalten. Hier müssen in den nächsten Jahren noch große Anstrengungen von den Kommunen geleistet werden.

Abwasserbeseitigung ist aber nicht nur eine kommunale Aufgabe. Dort, wo die Kommunen die Abwasserbeseitigung nicht durch Kläranlagen sicherstellen können – z. B. in kleineren Weilern im ländlichen Raum –, müssen die privaten Hauseigentümer über eigene Kleinkläranlagen oder ähnliche Einrichtungen für eine ordnungsgemäße Abwasserbeseitigung sorgen.

Im Bereich *Abfallrecht* geht es für die Wasserbehörden, also die Landratsämter, vorrangig darum, die Genehmigungen zum Transport von Abfällen durch gewerbliche Entsorger zu erteilen und die Transporte von Sonderabfällen zu überwachen. Bei dieser Überwachung der Sonderabfälle geht es darum, zu überprüfen, daß die Betriebe, bei denen Sonderabfälle anfallen und die zu deren ordnungsgemäßer Entsorgung verpflichtet sind, diese Abfälle an einen hierzu berechtigten Transporteur abgeben, und dieser wiederum die Abfälle auf einer zugelassenen Beseitigungsanlage zur Entsorgung abgibt. Diese Kontrolle geschieht durch verschiedenfarbige Begleitscheine, die bei den einzelnen Stationen ausgefüllt werden und bei der unteren Wasserbehörde zur Überprüfung zusammenlaufen.

All diese Vorgänge sind oft sehr komplex, aber wenn es um behördliche Ansprechpartner für die Bürgerinnen und Bürger geht, gilt folgendes: Neben der eigenen Stadt oder Gemeinde sind also die Landratsämter wichtige behördliche Ansprechpartner, wenn es um den Natur- und Umweltschutz geht. Bei Zweifeln über die Zuständigkeit der einzelnen Behörden empfiehlt es sich, beim „Umwelttelefon", das eigentlich in allen Landratsämtern eingerichtet ist, um eine direkte Auskunft zu bitten.

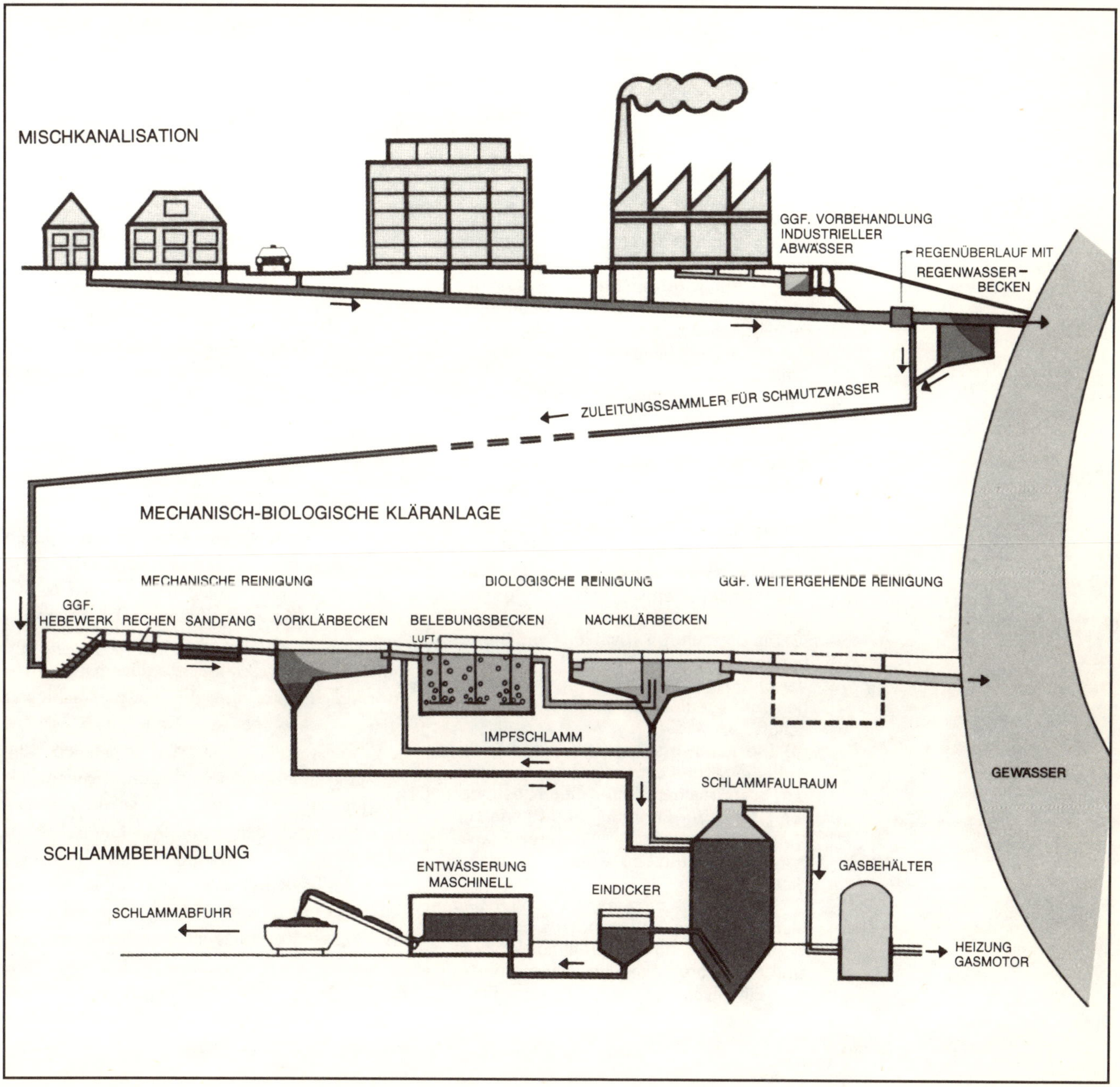

Der Weg vom Abwasser zum Brauchwasser. Aus: Umweltschutz in Baden-Württemberg, *Wasser*, Umweltministerium Baden-Württemberg, Stuttgart 1987.

3.3 NATURSCHUTZ

Durch Naturschutz und Landschaftspflege soll die Landschaft als Lebensgrundlage und Erholungsraum des Menschen geschützt werden. Sie ist zu pflegen, zu gestalten und zu entwickeln, damit die Leistungsfähigkeit des Naturhaushalts, die Nutzungsfähigkeit der Naturgüter (Boden, Wasser, Luft, Klima, Tier- und Pflanzenwelt) sowie die Vielfalt, Eigenart und Schönheit von Natur und Landschaft nachhaltig gesichert werden. Dies ist die Definition des § 1 des baden-württembergischen Naturschutzgesetzes für die Aufgabe von Natur- und Landschaftsschutz.

> NatuschutzG § 1
>
> § 1 Ziele und Aufgaben. (1) Durch Naturschutz und Landschaftspflege sind die freie und die besiedelte Landschaft als Lebensgrundlage und Erholungsraum des Menschen so zu schützen, zu pflegen, zu gestalten und zu entwickeln, daß
> 1. die Leistungsfähigkeit des Naturhaushalts
> 2. die Nutzungsfähigkeit der Naturgüter (Boden, Wasser, Luft, Klima, Tier- und Pflanzenwelt) sowie
> 3. die Vielfalt, Eigenart und Schönheit von Natur und Landschaft nachhaltig gesichert werden.
>
> (2) Der freilebenden Tier- und Pflanzenwelt sind angemessene Lebensräume zu erhalten. Dem Aussterben einzelner Tier- und Pflanzenarten ist wirksam zu begegnen.
>
> (3) Die sich aus den Absätzen 1 und 2 ergebenden Anforderungen sind untereinander und gegen die sonstigen Anforderungen der Allgemeinheit an Natur und Landschaft abzuwägen.
>
> (4) Die Landwirtschaft (§ 4 Abs. 1 Landwirtschafts- und Landeskulturgesetz) und die Forstwirtschaft leisten einen besonderen Beitrag zur Erhaltung und Pflege von Natur und Landschaft. Die Naturschutzbehörden unterstützen sie bei der Erfüllung dieser Aufgabe.
>
> (5) Bei raumbedeutsamen Planungen und Maßnahmen des Naturschutzes, der Landschaftspflege und der Erholungsvorsorge sind die Erfordernisse der Raumordnung und Landesplanung zu beachten. Erholungsvorsorge ist die Gewährleistung des Rechts auf Erholung in der freien Landschaft.

Um diesem Ziel des Naturschutzes Rechnung zu tragen werden vom Naturschutzgesetz die Behörden und die Körperschaften, Anstalten und Stiftungen des öffentlichen Rechts im Rahmen ihrer Zuständigkeit auf die Ziele, Aufgaben und Grundsätze des Naturschutzes, der Landschaftspflege und der Erholungsvorsorge verpflichtet. Dies wird dadurch sichergestellt, daß bei allen Planungen, seien es Straßenbauvorhaben oder Bebauungspläne, die Naturschutzbehörden rechtzeitig beteiligt werden müssen. Bei der Beurteilung dieser Planungen stehen auch den Naturschutzbehörden Fachleute zur Seite.

Auf der Ebene der höheren Naturschutzbehörden – also der Regierungspräsidien – sind dies die hauptamtlich besetzten Bezirksstellen für Naturschutz und Landschaftspflege, für die oberste Naturschutzbehörde, dem Ministerium für Umwelt, ist dies die Landesanstalt für Umweltschutz – Institut für Ökologie und Naturschutz – und für die untere Naturschutzbehörden die ehrenamtlich tätigen Naturschutzbeauftragten.

Bedeutsamer noch als diese Beteiligung der Naturschutzbehörden in verschiedenen Verfahren und die Aufgaben der Naturschutzbehörden als Genehmigungsbehörde für gewisse Vorhaben ist die Erhaltung bedeutsamer Elemente unserer Kulturlandschaft und der Schutz von Rückzugsgebieten und hervorragenden Einzelschöpfungen der Natur. Dies geschieht durch den Erlaß von Rechtsverordnungen, mit denen Naturschutzgebiete, Landschaftsschutzgebiete und Naturdenkmale ausgewiesen werden.

Landschaftsschutzgebiete sind Gebiete, in denen ein besonderer Schutz der Natur und Landschaft oder besondere Pflegemaßnahmen erforderlich sind, um die Leistungsfähigkeit eines ausgewogenen Naturhaushalts zu gewährleisten oder wiederherzustellen, die Nutzungsfähigkeit der Naturgüter sicherzustellen oder zu verbessern, die Vielfalt, Eigenart oder Schönheit der Natur und Landschaft zu erhalten oder ihren besonderen Erholungswert für die Allgemeinheit zu erhalten, zu steigern oder wiederherzustellen. Die Einschränkungen im Landschaftsschutzgebiet sind nicht absolut, es besteht ein relatives Veränderungsverbot, d. h. Veränderungen unter Beachtung der oben genannten Bedingungen sind nach sorgfältiger Prüfung möglich. Verboten sind alle Handlungen, die den Charakter des Gebiets verändern

Viele naturnahe Landschaften können nur durch konsequente Sicherung als Naturschutzgebiet für die Zukunft gerettet werden.

oder dem Schutzzweck zuwiderlaufen. Die Rechtsverordnungen werden von den Landratsämtern erlassen. Die Schutzgebietsverordnungen enthalten gewisse Tatbestände, die eine behutsame Weiterentwicklung ermöglichen.

Naturschutzgebiete, für deren Erlaß die Regierungspräsidien zuständig sind, sind durch ein weitgehend absolutes Veränderungsverbot geprägt. Im Naturschutzgebiet sind alle Handlungen verboten, die zu einer Zerstörung oder Veränderung des Schutzgebiets oder seines Naturhaushalts führen können.

Gebiete mit einer Fläche bis zu 5 Hektar oder Einzelbildungen der Natur, deren Schutz und Erhaltung erforderlich sind, können durch Rechtsverordnung zu *Naturdenkmalen* erklärt werden.

Mit den *Naturparks* und den *geschützten Grünbeständen* gibt es noch zwei weitere, weniger intensive Schutzformen der Natur.

Die Tätigkeiten eines Landratsamtes im Naturschutz sind also vielfältig. Da müssen Flächennutzungspläne und Bebauungspläne auf ihre ökologische Vertretbarkeit und Ausgewogenheit hin durchgesehen werden. Bauvorhaben, die die freie Landschaft betreffen, müssen begutachtet werden. Häufig sind Ortstermine erforderlich, um den Zustand der Natur aufzunehmen und die Umweltverträglichkeit der geplanten Vorhaben in Augenschein zu nehmen. Dies ist gerade bei der Ausweisung von Schutzgebieten oder Naturdenkmalen erforderlich. Hier müssen die Mitarbeiter der Landratsämter und ihre ehrenamtlichen Berater, die Naturschutzbeauftragten, praktisch die gesamten Landkreise durchkämmen, um die schützenswerten Teile der Natur aufzufinden.

Zur Zeit sind in Baden-Württemberg zum Beispiel 154 ehrenamtliche Beauftragte für Naturschutz und Landschaftspflege in den Kreisen beschäftigt.

Diese Naturschutzbeauftragte werden nach dem Naturschutzgesetz von den Stadt- und Landkreisen auf fünf Jahre bestellt und sind unabhängige, ehrenamtlich tätige Berater der unteren Naturschutzbehörden. Daneben stellten viele Stadt- und Landkreise sowie Gemeinden und Städte zunehmend noch hauptamtlich tätige Fachleute mit ökologischen Kenntnissen ein.

Das *Durchforsten* der Landkreise stellt einen immensen Aufwand dar: Der Rems-Murr-Kreis beispielsweise hat 59 Landschaftsschutzgebiete mit einer Fläche von 30 354 Hektar ausgewiesen, was etwa 36 % der Kreisfläche entspricht. Hinzu kommen 748 Naturdenkmale und 19 vom Regierungspräsidium ausgewiesene Naturschutzgebiete und 5 geschützte Grünbestände. Darüber hinaus gibt es noch zahlreiche erhaltenswerte Biotope, die bei weitem nicht alle unter Schutz gestellt sind. Die landesweite Biotopkartierung hat beispielsweise für den Rems-Murr-Kreis alleine 2033 Biotope ergeben. Diese große Anzahl an hochwertigen Naturräumen selbst in einer hochindustrialisierten Region muß den Behörden Verpflichtung sein, die Zukunftsaufgabe der Biotopvernetzung auf der Grundlage der landesweiten Erhebung anzupacken, um diesen Bestand an Biotopen auch für die Zukunft zu sichern.

4. UMWELTSCHUTZ – ALLGEMEINE RECHTLICHE GRUNDLAGEN

Der Artikel 86 der Landesverfassung von Baden-Württemberg bestimmt: »Die natürlichen Lebensgrundlagen, die Landschaft sowie die Denkmale der Kunst, der Geschichte und der Natur genießen öffentlichen Schutz und die Pflege des Staates und der Gemeinden.« Somit enthält die Verfassung den Umweltschutz als ein

Staatsziel. Damit ist vorweggenommen, was Politiker, Bürger und Verfassungsrechtler seit einigen Jahren diskutieren, nämlich, ob der Umweltschutz als Staatszielbestimmung in das Grundgesetz aufgenommen werden soll. Der Umweltschutz würde so neben dem Demokratieprinzip, der Bundesstaatlichkeit, der Rechtsstaatlichkeit und dem Sozialstaatsprinzip einer der prägenden Faktoren unserer Gesellschaft werden. Eine andere Lösung wäre die Aufnahme eines *Rechts auf unversehrte Umwelt* in den Grundrechtskatalog des Grundgesetzes.

Mit der Sozialpflichtigkeit des Eigentums spielt eine weitere verfassungsrechtliche Frage stark in den Bereich des Umweltschutzes herein. Gerade in Wasserschutzgebieten oder Landschaftsschutzgebieten werden den Grundstückseigentümern oder Nutzungsberechtigten Beschränkungen im Umgang mit ihrem Grund und Boden auferlegt. Diese Eigentümer stellen häufig die Frage, wer ihnen für erlittene finanzielle Einbußen durch diese Beschränkungen aufkommt. Soweit diese Beschränkungen aber keinen enteignenden Charakter haben, sind sie entweder Schranken des Eigentumsrechtes (nach Art. 14 Abs. 1 des Grundgesetzes), oder sie fallen unter die Sozialpflichtigkeit des Eigentums. Dies ist für die Betroffenen oft unbefriedigend, vor allem wenn sie wie die Landwirtschaft unter strukturellen und wirtschaftlichen Problemen zu leiden haben. Deshalb wird in Baden-Württemberg im Bereich von Wasserschutzgebieten den betroffenen Landwirten ein Ausgleich gewährt (der sogenannte Wasserpfennig). Dieser Gedanke sollte aber auch in andere Bereiche des Umweltschutzes, wo Einschränkungen unvermeidbar sind, weitergetragen werden.

Es geht darum, möglichst viele Bürger an einem effektiven Umweltschutz zu beteiligen. Für notorisch Uneinsichtige enthält das Strafgesetzbuch aber auch Sanktionen von der Geldstrafe bis zur Freiheitsstrafe. Unter Strafe gestellt werden Gewässerverunreinigungen, Luftverunreinigungen und Lärm, umweltgefährdende Abfallbeseitigung, das unerlaubte Betreiben von Anlagen, der unerlaubte Umgang mit Kernbrennstoffen, die Gefährdung schutzbedürftiger Gebiete, die schwere Gefährdung durch Freisetzen von Giften und die schwere Umweltgefährdung.

Dabei ist das Umweltstrafrecht bis heute leider ein weitgehend stumpfes Schwert geblieben. Noch ist keine Verurteilung eines Umweltstraftäters zu einer Freiheitsstrafe bekanntgeworden. Ein großer Teil der Fälle, in denen ermittelt worden ist, wurde eingestellt. Die Gerichte verhängen häufig nur geringe Strafen. Die Strafverfolgungsbehörden haben sich aber seit kurzem dieser Aufgabe angenommen.

Im Gespräch ist seit einiger Zeit auch eine Anzeigepflicht von Umweltdelikten für die Umweltbehörden. Die Befürworter einer solchen Anzeigepflicht gehen davon aus, daß durch den verstärkten Druck einer drohenden Strafverfolgung die zum Schutz der Umwelt erlassenen Gesetze eher eingehalten werden und außerdem Verstöße gegen geltendes Recht nicht mehr nur als ›Kavaliersdelikte‹ ohne gravierende Konsequenzen für die Umwelttäter, sondern als strafwürdiges Vergehen betrachtet werden müssen.

Dem wird aus der Sicht der Verwaltung aber entgegengehalten, daß die Vertrauensbasis zwischen Verwaltung und denjenigen, die sich umweltgefährdend verhalten, zerstört wird, wenn bekannt wird, daß die Verwaltung bei Feststellung eines Gesetzesverstoßes sofort zur Anzeige verpflichtet ist. Es besteht die Befürchtung, daß dadurch die Basis für eine Kooperation zwischen allen Beteiligten entzogen wird und die manchmal vorhandene Bereitschaft der Umweltverschmutzer verlorengeht, die angetroffenen Mißstände zu beheben.

Parallel zu dem gestiegenen Umweltbewußtsein in der Bevölkerung hat der Umweltschutz in Verwaltung und Justiz an Bedeutung gewonnen. Dabei ist nicht zu verkennen, daß der Umweltschutz mit zunehmender gesetzlicher Regelungsdichte im Umweltbereich auch zu einem Problem der Kontrolle und Überwachung geworden ist. Die wachsenden Anforderungen und Aufgaben der Verwaltung können aber zumeist mit dem bestehenden Personal – sowohl von der Anzahl als auch der sachlichen Kompetenz – nicht wahrgenommen werden. Diesem Problem versuchen Kommunen und Kreise zu begegnen, indem sie spezielle Umweltbeauftragte bzw. Umweltberater einstellen, die über das notwendige Fachwissen verfügen und auch *neues* umweltbezogenes Denken in die Verwaltungen einbringen sollen. Denn nicht nur durch Kontrolle, sondern vor allem durch vorausschauende, umweltgerechte Planung können die Verwaltungen vorbildhaft zur Erhaltung der natürlichen Lebensgrundlagen beitragen.

Arbeitsprogramm

A

Suchworträtsel

Im folgenden sind sechzehn Gesetze aus dem Umweltrecht an den entsprechenden Stellen einzutragen.
Die Buchstaben der umrahmten Kästchen ergeben dann einen zentralen Begriff des Umweltstrafrechts.

	V	
D..gem..t		.gesetz
.ne		gi.e.nsp...ng.ge...
Ti..sch		tzge....
.ass.		ha..ha..sge...z
.bf.llge		...
		.omge....
W.s		.mitt..ge....
C		eml.al.enge....
B.nd		.w.ldge....
En..gi.si.h.		.ng.ge....
		fl.nze.sch..zge....
.bw.sse		ab.ab..ge....
Be.zinb.e		ge....
Bun...		aturs...tzge....
St..h.ensch.t		vors..gege....
I..		ssi.nss..utzge....
	p	

Der gesuchte Begriff lautet:

V _ _ _ _ _ _ _ _ _ _ _ _ _ _ _ _ _ p

B

Lückentext

Das folgende Zitat ist der § 1 des Naturschutzgesetzes von Baden-Württemberg. Die fehlenden Worte sind zu ergänzen.

Landwirtschaft – Vielfalt – Leistungsfähigkeit – Tier- und Pflanzenwelt – Naturschutzbehörden – der Raumordnung – Nutzungsfähigkeit – Schönheit – des Naturschutzes – Aussterben – der Landschaftspflege – Landschaftspflege – Lebensräume – Forstwirtschaft.

NatSchG § 1 Ziele und Aufgaben.

(1) Durch Naturschutz und __________ sind die freie und die besiedelte Landschaft als Lebensgrundlage und Erholungsraum des Menschen so zu schützen, zu pflegen, zu gestalten und zu entwickeln, daß

1. die __________ des Naturhaushalts,
2. die __________ der Naturgüter (Boden, Wasser, Luft, Klima, Tier- und Pflanzenwelt) sowie
3. die __________, Eigenart und __________ von Natur und Landschaft nachhaltig gesichert werden.

(2) Der freilebenden __________ sind angemessene __________ zu erhalten. Dem __________ einzelner Tier- und Pflanzenarten ist wirksam zu begegnen.

(3) Die sich aus den Absätzen 1 und 2 ergebenden Anforderungen sind untereinander und gegen die sonstigen Anforderungen der Allgemeinheit an Natur und Landschaft abzuwägen.

__________ und __________ leisten einen besonderen Beitrag zur Erhaltung und Pflege von Natur und Landschaft. Die __________ unterstützen sie bei der Erfüllung dieser Aufgabe.

(5) Bei raumbedeutsamen Planungen und Maßnahmen __________, __________ und der Erholungsvorsorge sind die Erfordernisse __________ und Landesplanung zu beachten. Erholungsvorsorge ist die Gewährleistung des Rechts auf Erholung in der freien Landschaft.

C

Lückengrafik

Versuchen Sie, die einzelnen Verwaltungseinheiten des Geschäftsbereiches des Ministeriums für Umwelt Baden-Württemberg in die Lückengrafik einzutragen.
Verwaltungseinheiten (Stand 1989):

- 4 Bezirksstellen für Naturschutz und Landschaftspflege
- 152 Naturschutzbeauftragte
- 17 Wasserwirtschaftsämter
- 4 Regierungspräsidien
- 6 Gewerbeaufsichtsämter
- Landesanstalt für Umweltschutz
- 44 untere Verwaltungsbehörden
- Ministerium für Umwelt
- 4 Chemische Landesuntersuchungsanstalten

D

Definition

Was sind schädliche Umwelteinwirkungen?

Schädliche Umwelteinwirkungen sind

____

____

____

Geschäftsbereich des Ministeriums für Umwelt Stand: Juni 1989

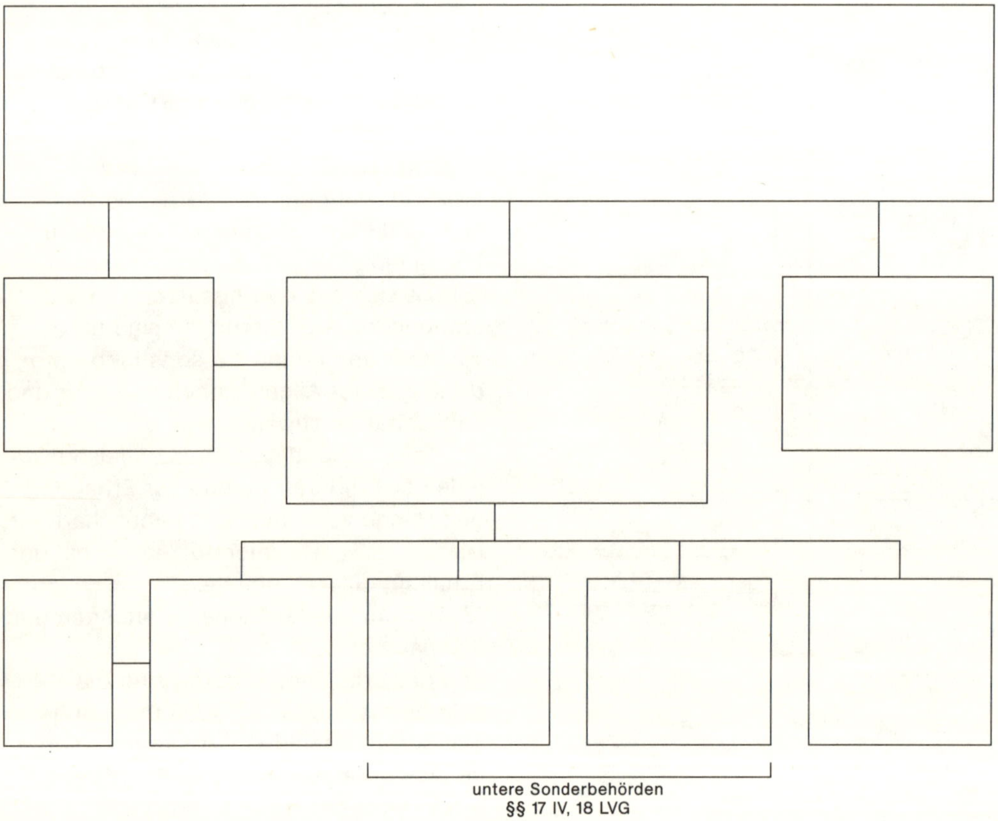

E

Quiz

Bei den untenstehenden Textausschnitten stellt sich die Frage: Sind sie im Grundgesetz enthalten oder nicht?

______________ steht so im Grundgesetz	Ja	Nein
Die Würde aller Lebewesen (Menschen und Tiere) ist unantastbar.		
Jedes Lebewesen hat das Recht auf die freie Entfaltung seiner Persönlichkeit.		
Jeder hat das Recht auf Leben und körperliche Unversehrtheit.		
Jeder hat das Recht auf unversehrte Umwelt.		
Jeder soll durch sein Verhalten dazu beitragen, daß Natur und Landschaft pfleglich genutzt und vor Schaden bewahrt werden.		
Eigentum verpflichtet. Sein Gebrauch soll zugleich dem Wohle der Allgemeinheit dienen.		
Die dauerhafte Nutzungsfähigkeit der Naturgüter ist zu gewährleisten.		
Grund und Boden, Naturschätze und Produktionsmittel können zum Zwecke der Vergesellschaftung (...) in Gemeineigentum überführt werden.		

F

Infothek

Versuchen Sie, die Gesetzestexte aus dem Naturschutzgesetz von Baden-Württemberg mit den Überschriften in Verbindung zu bringen.

§ 25 Geschützte Grünbestände.

§ 23 Naturparke.

§ 21 Naturschutzgebiete.

§ 24 Naturdenkmale.

§ 22 Landschaftsschutzgebiete.

1

(1) .... im Sinne dieser Bestimmung sind
1. innerhalb der im Zusammenhang bebauten Ortsteile, in Gebieten, deren Bebauung in absehbarer Zeit zu erwarten ist, oder in den Randzonen von Wohn-, Gewerbe- oder Verkehrsbereichen
   a) Grünflächen oder Grünzonen.
   b) Parkanlagen, Friedhöfe oder bedeutsame Gartenanlagen oder
   c) Einzelbäume, Baumreihen, Alleen oder Baumgruppen (Bäume),
2. im besiedelten und freien Bereich
   a) Schutzpflanzungen oder
   b) Schutzgehölze außerhalb des Waldes,
   die insbesondere dem Schutz vor Beeinträchtigungen durch Wind, Lärm oder Emissionen, dem Schutz des Kleinklimas, des Bodens oder von Maßnahmen der Rekultivierung sowie dem Schutz von Brut- und Nistplätzen der Vogelwelt dienen.

(2) Grünbestände, deren Bestandserhaltung
1. zur Sicherung
   a) eines ausgewogenen Naturhaushalts,
   b) der nachhaltigen Nutzung der Naturgüter,
   c) der Naherholung oder
   d) von Lebensstätten der Tier- und Pflanzenwelt.
2. zur Belebung, Gliederung oder Pflege des Orts- oder Landschaftsbildes.
3. aus landeskundlichen oder kulturellen Gründen

von besondere Bedeutung ist, können durch Rechtsverordnung unter Schutz gestellt werden.

2

(1) Gebiete, in denen in besonderem Maße der Schutz von Natur und Landschaft in ihrer Ganzheit oder in einzelnen Teilen
1. aus wissenschaftlichen, ökologischen, naturgeschichtlichen, landeskundlichen oder kulturellen Gründen,
2. zur Erhaltung von Lebensgemeinschaften oder Lebensstätten bestimmter Tier- und Pflanzenarten oder
3. wegen der Vielfalt, Eigenart oder Schönheit ihrer naturhaften Ausstattung

erforderlich ist, können durch Rechtsverordnung zu .... erklärt werden.

3

(1) Großräumige Gebiete, die nach einem fachlichen Entwicklungsplan (§ 2 Abs. 1 Nr. 2 des Landesplanungsgesetzes)[1] als vorbildliche Erholungslandschaften zu entwickeln und zu pflegen sind und die
1. überwiegend sich durch Vielfalt, Eigenart und Schönheit von Natur und Landschaft auszeichnen,
2. wegen ihrer Naturausstattung sich für die Erholung größerer Bevölkerungsteile besonders eignen und
3. nach den Grundsätzen und Zielen der Raumordnung und Landesplanung hierfür bestimmt werden,

können durch Rechtsverordnung zu .... erklärt werden.

4

(1) Gebiete mit einer Fläche bis zu 5 ha (flächenhafte ....) oder Einzelbildungen der Natur (Naturgebilde), deren Schutz und Erhaltung
1. aus wissenschaftlichen, ökologischen, naturgeschichtlichen, landeskundlichen oder kulturellen Gründen,
2. zur Sicherung von Lebensgemeinschaften oder Lebensstätten bestimmter Tiere und Pflanzen oder
3. wegen ihrer Eigenart, Seltenheit oder landschaftstypischen Kennzeichnung

erforderlich sind, können durch Rechtsverordnung zu .... erklärt werden. Soweit es erforderlich ist, kann bei Naturgebilden auch die Umgebung geschützt werden.

5

(1) Gebiete, in denen ein besonderer Schutz der Natur und Landschaft in ihrer Ganzheit oder in einzelnen Teilen oder besondere Pflegemaßnahmen erforderlich sind, um
1. die Leistungsfähigkeit eines ausgewogenen Naturhaushalts zu gewährleisten oder wiederherzustellen,
2. die Nutzungsfähigkeit der Naturgüter zu erhalten oder zu verbessern,
3. die Vielfalt, Eigenart oder Schönheit der Natur und Landschaft zu erhalten oder
4. ihren besonderen Erholungswert für die Allgemeinheit zu erhalten, zu steigern oder wiederherzustellen,

können durch Rechtsverordnung zu .... erklärt werden.

KURSPROGRAMM

A

Planspiel
Straßenbau contra Landschaftsschutz

Zwischen zwei wichtigen Autobahnen in Nord–Süd-Richtung gibt es über ca. 100 km keine autobahngerechte Ost–West-Verbindung (siehe untenstehende Karte).

Das bringt folgende Probleme mit sich:

- die vielen Touristen und der dichte Durchgangs- und Fernverkehr müssen erhebliche Stauungen oder Umwege über Nord–Süd- Autobahnen in Kauf nehmen;
- an den Wochenenden wird durch Sommer- und Wintersportler das ganze Gebiet überflutet, so daß auch die angrenzenden Seitentäler vollständig durch Durchgangsverkehr blockiert werden.
  Die Anwohner im gesamten Gebiet unterliegen einem täglichen – und an Wochenenden noch verstärkten – Dauerstreß durch Lärm, Abgase und Verkehrsflut;
- die nahe Grenze bringt internationalen Zielverkehr, der ohne leistungsfähigen Anschluß nach Osten versandet, so daß die gesamte grenznahe Region isoliert wird;
- die Industrie in diesem Raum, vorwiegend gestreute Verarbeitungsindustrie, leidet unter den schwierigen Verkehrsverhältnissen und befürchtet eine zunehmende Verlagerung der Produktion in autobahnnahe Gebiete, was

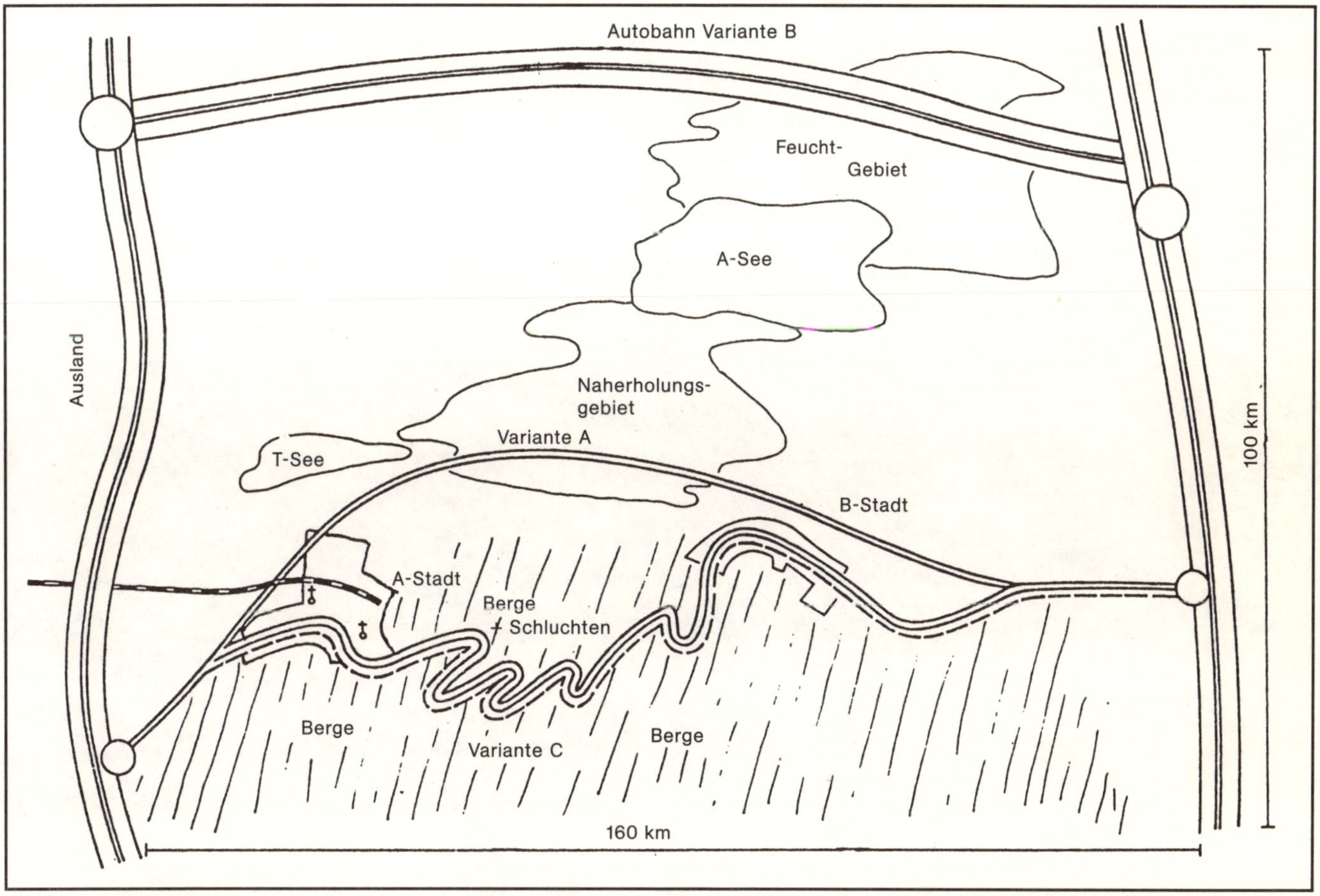

Überarbeitet in Zusammenarbeit mit York Krebs; Landeszentrale für politische Bildung Baden-Württemberg.

den bestehenden Mangel an Arbeitsplätzen erheblich verschärft;

- ► zahlreiche Pendler, die in das Oberzentrum (A-Stadt) zur Schule, zur Arbeit und zum Einkaufen – auch ins Theater etc. – fahren, bleiben täglich in langen Autokolonnen hängen und quälen sich durch das Nadelöhr der Ortsdurchfahrten.

Es werden verschiedene Straßenbauvarianten diskutiert:

Variante A:
Der Neubau einer zwei- bis dreispurigen Schnellstraße 14 km nördlich der beiden Ortschaften A-Stadt und B-Stadt führt durch das Naherholungsgebiet der dortigen Bewohner und durch landwirtschaftlich intensiv genutztes Gelände (Feierabendlandwirte). Das Gebiet sollte wegen seiner Streuobstwiesen und naturnahen Flora eigentlich zum Landschaftsschutzgebiet erklärt werden.

Variante B:
Der Neubau einer Autobahn als Ost-West-Verbindung führt durch eine bisher vom Straßenbau unberührte Naturlandschaft, die als Naturschutzgebiet eine wichtige Fremdenverkehrsattraktion darstellt. Ebenfalls würden große Bauernhöfe mit langer Agrartradition wahllos zerschnitten und in ihrer Existenz bedroht.

Variante C:
Der Ausbau der bestehenden Bundesstraße auf durchgehend vier Spuren ist nach Ansicht der Experten sehr schwierig, wenn nicht unmöglich, da sie durch schluchtenähnliches Gelände führt, das eine Verbreiterung sehr erschwert. Auch Tunnellösungen sind angesichts des bröckeligen Gesteins nur mit sehr hohem technischen, finanziellen und zeitlichen Aufwand denkbar.

Variante D:
Angesichts der ökologischen Probleme, die jede Straßenvariante nach sich zieht, gibt es Stimmen, die überhaupt keinen Aus- und Neubau fordern, sondern eine Verbesserung der öffentlichen Verkehrswege (Bus und Bahn). Damit können die bisherigen Wirtschaftsbedürfnisse der Region allerdings nicht vollständig befriedigt werden.
Es bilden sich Initiativen aller Art für bzw. gegen die verschiedenen Projekte.

B

Fragebogen
Lesen Sie die untenstehenden 15 Aussagen durch und entscheiden Sie sich, ob Sie zustimmen können oder nicht. Vergleichen Sie Ihre Antworten untereinander in der Gruppe und diskutieren Sie!

Fragebogen Mut zur Entscheidung	stimme zu	stimme nicht zu
Ökologie sollte genauso wie Deutsch und Biologie Schulfach werden.		
Umweltsünder sollten härter als bisher bestraft werden: in der Regel mit Gefängnis.		
Der Schutz der Umwelt sollte in das Grundgesetz aufgenommen werden.		
Politiker und Behörden sollten bezüglich des umweltgerechten Verhaltens vorbildlich sein und z. B. mehr Fahrrad fahren.		
So wie es z. B. Kriminal- und Wirtschaftspolizei gibt, sollte es auch eine Umweltpolizei geben.		
Die Gesetze bezüglich des Umweltschutzes sind viel zu lasch und sollten schärfer werden.		
Umweltbeauftragte sollten nicht mehr ehrenamtliche Berater sein, sondern fest angestellt werden.		
Die Bundesregierung wird die Umweltproblematik in den Griff bekommen.		
Es sollten viel mehr Forschungsgelder und Subventionen für umweltfreundliche Produkte und Produktionsweisen ausgegeben werden.		
Die Industrie- und Handwerksbetriebe sollten stärker und öfter auf umweltgerechtes Verhalten hin kontrolliert werden.		
Bei Umweltdelikten sollte Anzeigepflicht bestehen		
Umweltprobleme sind international, deshalb sollte es eine Weltumweltbehörde geben, die die Staaten kontrolliert und auch Strafen aussprechen kann (UN-Truppe für die Umwelt).		
Wenn die EG erst eine richtige Wirtschaftseinheit ist (ab 1992), dann wird es mit dem Umweltschutz besser werden.		
Es gibt so viele landwirtschaftliche Überschüsse; man sollte den Bauern die Düngung verbieten und sie nur noch nach ökologischen Gesichtspunkten produzieren lassen.		
Die Steuern auf Rohstoffe, die sich nicht erneuern bzw. knapp werden (z. B. Öl, Benzin, Wasser), sollten stark erhöht werden, damit die Leute sparsamer damit umgehen.		
Auch wenn ökologische Produkte und Produktionsweisen teurer sind – lieber mehr Geld zahlen als die Umwelt zerstören.		
Es macht gar keinen Sinn, wenn sich die Bundesrepublik weniger umweltzerstörend verhält, solange die anderen Staaten weitermachen wie bisher.		

C

Pro und Contra

Fall: Oberau

Oberau ist ein Stadtviertel am Rande der Innenstadt einer süddeutschen Stadt (Gehzeit zur Stadtmitte ca. 10 Minuten). Durch den Neubau einer Straße und einiger Wohnhäuser hat sich Oberau in den letzten Jahren stark verändert, was die Bebauung und die Zusammensetzung der Einwohner betrifft.
Da es in der Innenstadt kaum Parkmöglichkeiten für Autos gibt, die Stadt andererseits als Arbeits-, Einkaufs- und Touristenzentrum stark besucht wird, müssen in den innenstadtnahen Gebieten Parkmöglichkeiten geschaffen werden, die die Innenstadt entlasten.
Im Oktober 1975 wurde ein Bebauungsplan rechtskräftig, der den Bau eines Parkhauses in Oberau mit ca. 400 Stellplätzen vorsah. Die Errichtung des Parkhauses wurde im März 1983 vom Gemeinderat mit großer Mehrheit beschlossen. Das Gelände bot sich für dieses Projekt an, da es nicht bebaut war, Oberau die Voraussetzungen der stadtnahen Lage erfüllte und nur ein paar alte Pappeln auf dem Gelände standen.
Die betroffenen Bürger bildeten eine Bürgerinitiative, die sich nach der Entscheidung des Gemeinderates verstärkt gegen den Bau des Parkhauses und für den Erhalt der Pappeln einsetzte.

PRO UND CONTRA

- Das Parkplatzangebot in der Innenstadt wird erheblich verbessert.
- Belebung des Einzelhandels in der Nähe.
- Wild parkende Autos auf dem Gelände geben Anlaß zu Ärgernis.
- Stadtnaher Parkraum für Einkäufer wird geschaffen.
- Aufwertung des Wohnviertels durch das Parkhaus.
- Zusätzlicher Parkraum für die Anwohner.
- Das örtliche Baugewerbe wird durch die Aufträge für den Bau des Parkhauses belebt.
- Das Gebiet ist noch unbebaut, kann also ohne Schaden bebaut werden.
- Die Neuanpflanzung von Bäumen ist im Bebauungsplan vorgesehen.

- Bestehende Parkhäuser sind nicht voll ausgelastet.
- Das Parkhaus wird von der Bevölkerung nicht angenommen, da es zu weit von der Fußgängerzone entfernt ist.
- Das Parkhaus als Anziehungspunkt für Kriminelle gefährdet das Wohnviertel.
- Die Belebung der Bauwirtschaft darf nicht vor den Interessen der Anwohner stehen.
- Da das Gebiet noch nicht bebaut ist, kann durch aufgelockerten Wohnungsbau mit parkähnlichen Anlagen die Wohnqualität erhöht werden.
- Die Stellplätze sind für die Anwohner zu teuer.
- Die Schadstoffbelastung der Luft wird durch den Wegfall der Pappeln zu hoch.
- Alter Baumbestand sollte erhalten werden.

Nach: *P wie Politik,* RS 7, Paderborn

D

Provokation

Beziehen Sie Stellung!

Ich möchte nicht über meine Zukunft schreiben, sondern über die Zukunft der Erde. Ich mache mir nämlich schon lange Gedanken über die Zukunft, nicht, wie manche Leute glauben, über Kaugummis, Discos und Comics.

In Zukunft werden wir alle in Hochhäusern, ähnlich wie Konservendosen, leben. Die Menschen laufen in Schutzanzügen mit Sauerstoffhelmen herum. Jeder ist in Hetze. Die Tiere sind durch das Gift, das wir in die Luft pumpen, gestorben. Bäume und Sträucher sind zubetoniert. Niemand denkt mehr an gesunde Luft, Tiere und Liebe. Der Mensch ist zur Maschine geworden. Kinder leben in Erziehungsheimen, wo sie nichts lernen können, als Computer zu steuern und Reaktoren zu bedienen. Gefühle haben keinen Platz.

So wird unsere Welt, wenn man nichts dagegen tut. Aber man kann viel tun, um uns und die Welt zu retten, zum Beispiel Produkte, die wir täglich kaufen, umweltfreundlicher verpacken. Manchmal wünsche ich mir, daß ein riesiger Vulkanausbruch all unsere Mülldeponien, Kernkraftwerke und Atommeiler weit wegschleudert, so daß einige vernünftige Menschen unsere Erde neu aufbauen können.

Tanja Kasten (11), Bockenem

ZUKUNFT? Antworten Sie!

Ich finde es schlimm, daß die Kinder, die jetzt leben und die noch geboren werden, alles wieder in Ordnung bringen müssen. Wenn es so weitergeht wie jetzt, wovon sollen die Menschen im Jahr 2000 dann noch leben? Bestimmt gibt es dann neue technische Fortschritte. Es gibt bestimmt auch mehr Computer und Videogeräte. Trotzdem glaube ich, daß es mehr Nachteile geben wird.

Was sind denn 150 000 Roboter im Vergleich zu 150 000 Menschen, die bei einem Atomkraftwerksunfall, bei einem Krieg, bei verseuchtem Wasser und bei Krankheiten sterben?

Wenn alle Menschen mehr für die Umwelt tun würden, wenn nicht alle Sachen, die man kauft, doppelt und dreifach in Plastik gewickelt würden, wenn nicht jede Fabrik ihren Dreck in die Flüsse abfließen lassen würde, wenn es keine Waffen mehr geben würde, wenn es keine Spraydosen mehr geben würde, dann könnten die Menschen im Jahr 2000 bestimmt besser leben.

Annika Wilmers (11), Stadthagen

So soll die Welt nicht werden, Kinder schreiben über ihre Zukunft, hrsg. v. Regina Rusch.

1 Könnten Sie sich vorstellen, ehrenamtlich in Ihrer Freizeit bei einer Umweltinitiative mitzuarbeiten?
2 Sind Sie der Meinung, daß man zum Schutz der Umwelt auch einmal gegen das Gesetz bzw. gegen Vorschriften handeln sollte?
3 Richtet sich Ihre Stimme bei Wahlen danach, ob die Partei sich für Umweltbelange aktiv einsetzt?
4 Würden Sie in einem Supermarkt so lange nach einem umweltfreundlichen Produkt fragen, bis das Geschäft es ins Sortiment nimmt?
5 Sprechen Sie in Ihrem Bekanntenkreis oft Fragen an, die ein umweltfreundliches Verhalten betreffen?
6 Wüßten Sie, an wen Sie sich wenden könnten, damit in Ihrem Wohngebiet Sammelcontainer aufgestellt werden?
7 Könnten Sie mehrere Stellen angeben, bei denen man umweltfreundliche Produkte erwerben kann?
8 Haben Sie schon einmal, weil es Ihnen sinnvoll erschienen ist, einen Leserbrief zu Umweltfragen geschrieben?
9 Würden Sie zugunsten des Umweltschutzes auf das Auto, auf Auslandsreisen, eventuell auch auf Lohnsteigerungen verzichten?
10 Haben Sie schon einmal Erfahrungen mit einem ›umweltfreundlichen‹ Waschmittel gemacht?
11 Halten Sie die hohen Preise der umweltfreundlichen Produkte für gerechtfertigt?
12 Halten Sie beispielhaftes, umweltfreundliches Verhalten für sinnvoll, und haben Sie bereits Erfahrungen damit gemacht?
13 Würden Sie eine Umweltaktion unterstützen, auch wenn sie von einer Ihnen fernstehenden Partei durchgeführt wird?
14 Würden Sie bei Hausbau oder Renovierung umweltfreundliche Baustoffe verwenden, auch wenn sie teurer sind als herkömmliche Produkte?
15 Meinen Sie, daß die Bevölkerung ausreichend aufgeklärt ist darüber, inwieweit private Haushalte zur Umweltverschmutzung beitragen?
16 Wären Sie bereit, regelmäßig mit DM 50,– monatlich zur Beseitigung von Umweltschäden beizutragen?
17 Glauben Sie, daß Bequemlichkeit die Hauptursache dafür ist, daß Menschen weiterhin gesundheits- und umweltschädigendes Verhalten zeigen?

Nach: *Ökologie in der Erwachsenenbildung*, hrsg. v. der Bundeszentrale für politische Bildung.

LERNKONTROLLE

1

Nennen Sie Beispiele, die als Signale für die Notwendigkeit eines sorgfältigeren Umgangs mit der Umwelt gelten können:

☐ a) ____________________

☐ b) ____________________

☐ c) ____________________

☐ d) ____________________

☐ e) ____________________

2

Womit können Politik und Verwaltung umweltgerechtes Verhalten bei den Bürgerinnen und Bürgern wirksam unterstützen?

☐ a) Aufklärung
☐ b) Beratung
☐ c) vorbildhaftes Verhalten
☐ d) Information
☐ e) Gesetzgebung

3

Wohin darf der freiwillige Weg im Umweltschutz nicht führen?

☐ a) zu einer sauberen Umwelt
☐ b) zu mehr Engagement der einzelnen
☐ c) zu einer Privatisierung des Umweltschutzes
☐ d) zu geschärftem Umweltbewußtsein
☐ e) zu mehr Umweltschutzmaßnahmen der Verwaltungen

4

Welche Gesetzestexte beziehen sich nicht ausschließlich auf den Umweltschutz?

☐ a) Bürgerliches Gesetzbuch (BGB)
☐ b) Strafgesetzbuch (StGB)
☐ c) Naturschutzgesetz (NatSchG)
☐ d) Bundesimmissionsschutzgesetz (BImSchG)
☐ e) Grundgesetz (GG)

5

Was bezeichnet man als »Problemmüll«?

☐ a) Kompost
☐ b) Altbatterien
☐ c) Altglas
☐ d) Lacke
☐ e) Farben

6

Welche Behörden werden als »umfassende Umweltbehörden« bezeichnet?

☐ a) das Ministerium für Umwelt
☐ b) die Regierungspräsidien
☐ c) die Landratsämter
☐ d) die Bürgermeisterämter der Stadtkreise
☐ e) alle Bürgermeisterämter

7

Das Bundesimmissionsschutzgesetz hat folgende Zwecke:

☐ a) vor allem Menschen, Tiere und Pflanzen vor schädlichen Umwelteinwirkungen zu schützen
☐ b) die Wirtschaft international konkurrenzfähig zu halten
☐ c) dem einzelnen konkrete Handlungsanweisung zu geben
☐ d) dem Entstehen schädlicher Umwelteinwirkungen vorzubeugen
☐ e) schädliche Umwelteinwirkungen zu verbieten

8

Wer prüft bei genehmigungspflichtigen Anlagen die Anträge aus technischer Sicht?

- ☐ a) Bundesamt für Naturschutz
- ☐ b) der zuständige Gemeinderat
- ☐ c) der Naturschutzbeauftragte
- ☐ d) das Wasserwirtschaftsamt
- ☐ e) das Gewerbeaufsichtsamt

9

Was sind Naturschutzbeauftragte?

- ☐ a) die Staatssekretäre im Umweltministerium
- ☐ b) ehrenamtlich tätige Berater der unteren Naturschutzbehörden
- ☐ c) Mitarbeiter des Gewerbeaufsichtsamtes
- ☐ d) die Landräte
- ☐ e) alle Bürgerinnen und Bürger

10

Wer ist bei Umweltdelikten zu einer Anzeige verpflichtet?

- ☐ a) die Polizei
- ☐ b) die Feuerwehr
- ☐ c) die Umweltbehörden
- ☐ d) alle Bürgerinnen und Bürger
- ☐ e) niemand

(Lösungen im Anhang)

Umwelt-schutz im Alltag

Prof. Dr. Gerhard Thielcke
Dr. Stefan Rentzsch von Sichart

INFORMATIONSTEIL

ABC
Versuchen Sie, Begriffe zum Thema zu finden, die jeweils mit dem entsprechenden Buchstaben des Alphabets anfangen (z. B. »A« – Artenschutz; »B« – Biotop usw.).

Umweltschmutz – Umweltschutz

A ____________________

B ____________________

C ____________________

D ____________________

E ____________________

F ____________________

G ____________________

H ____________________

I ____________________

J ____________________

K ____________________

L ____________________

M ____________________

N ____________________

O ____________________

P ____________________

Q ____________________

R ____________________

S ____________________

T ____________________

U ____________________

V ____________________

W ____________________

X ____________________

Y ____________________

Z ____________________

1. DENKEN UND HANDELN ALS UMWELTBÜRGER

»Stellen Sie sich vor, Sie schlendern vom Flugsteig hinaus zu Ihrem Jet und entdecken plötzlich einen Mann auf einer Leiter, der aus der Tragfläche Ihres Flugzeuges Schrauben herausdreht. Verdutzt fragen Sie ihn, was er da mache. Er antwortet: ›Die Luftlinie, bei der ich arbeite, hat herausgefunden, daß wir diese Sorte Schrauben für vier Mark das Stück verkaufen können.‹ Sie fragen: ›Ja um Gottes willen, woher wissen Sie denn, daß die Tragfläche nicht abbrechen wird.‹ ›Da machen Sie sich mal keine Sorgen‹, sagt er, ›diese Flugzeuge haben einen sehr großen Sicherheitsspielraum, und deswegen wird gar nichts passieren. Ich habe schon viele Schrauben aus dem Flügel herausgedreht, und die Maschine fliegt immer noch. Außerdem brauchen wir Geld.‹ ›Sie müssen verrückt sein!‹ – ›Aber nein, ich sage Ihnen doch, es gibt nicht den geringsten Grund zur Aufregung. Ich weiß, was ich tue, und außerdem werde ich mitfliegen.‹ Jeder halbwegs normale Mensch würde jetzt umkehren, den Mann bei der Flugsicherheitsbehörde anzeigen und seinen Flug umbuchen. Schließlich zwingt einen niemand, mit dieser Linie zu fliegen. Wer nicht will, muß überhaupt nie ein Flugzeug benutzen. Nur, unglücklicherweise sind wir alle Passagiere in einem sehr großen Raumschiff – und das können wir nicht verlassen! Dabei ist es beängstigend, wie wir uns alle auf unserem Raumschiff Erde mit Feuereifer am Ausverkauf der Schrauben beteiligen.«

Dieses Gleichnis erzählen die amerikanischen Ökologen Anne und Paul Ehrlich in ihrem Buch *Der lautlose Tod*.

»Natur ist alles das, was von menschlicher Tätigkeit unverändert da ist.« So wird im Brockhaus der Begriff Natur definiert. *Unverändert da* sind heute kaum noch die meisten Berge, Hügel und Täler. Verändert sind auch Luft, Wasser, Boden und die Häufigkeit des Vorkommens fast aller Pflanzen und Tiere. Trotz dieser Veränderung sind sie Naturgüter, von denen der Mensch vollständig abhängig ist – er überlebt keine fünf Minuten ohne Luft, keine acht Tage ohne Wasser und kaum vier Wochen ohne Nahrung.

Während jedem die Notwendigkeit des Schutzes von Luft, Wasser und Boden einleuchtet, halten viele Menschen das Verschwinden von Pflanzen- und Tierarten für kein so schwerwiegendes Problem. Der *Stumme Frühling*, also das Verschwinden oder Seltenerwerden

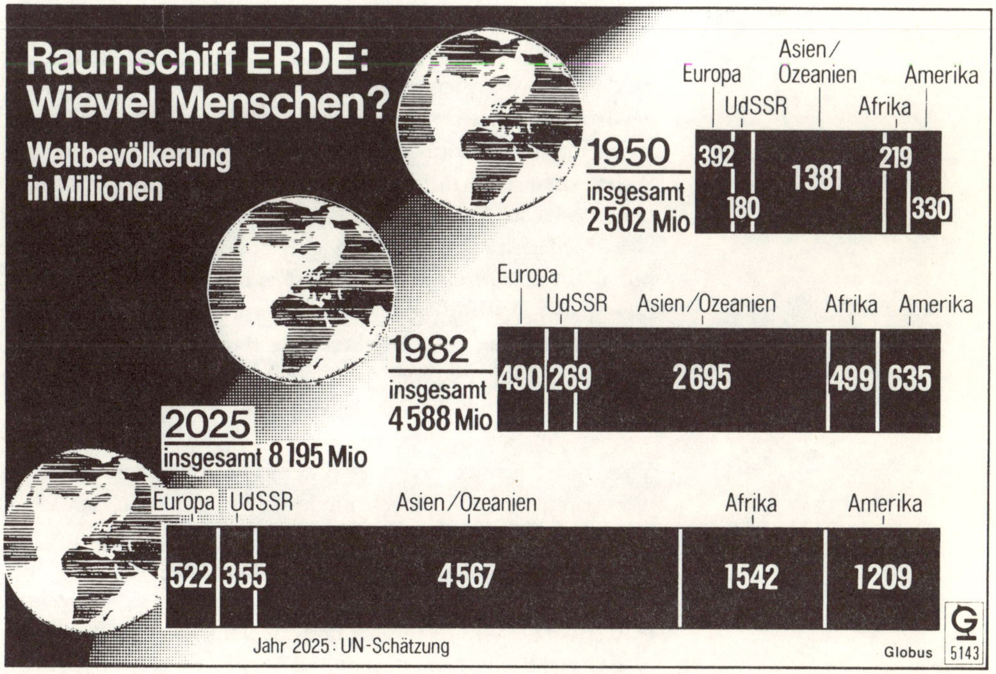

von immer mehr Vogelarten, erregt weitaus weniger Aufmerksamkeit als das Ozonloch.

Denn – um auf das obige Gleichnis zurückzukommen – wir verstehen nicht die Konsequenzen unseres Schraubenhandels. Die Schrauben unseres Raumschiffs Erde sind die Pflanzen- und Tierarten. Eine ganze Menge von ihnen sind bereits für immer verschwunden, sehr viele im Bestand bedroht – die Roten Listen zeugen davon. In der Studie *Global 2000*, die der ehemalige amerikanische Präsident Carter in Auftrag gegeben hatte, sagten die Fachleute voraus: Bis zum Jahr 2000 werden weltweit mindestens 500 000 Arten, das sind 15 bis 20 % aller Pflanzen- und Tierarten, ausgestorben sein. Schon bei einer Temperatursteigerung von nur zwei Grad Celsius haben sehr viele Lebewesen keine Chance zu überleben. Solche Temperaturänderungen sind zu erwarten, wenn wir fortfahren, die Ozonschicht der Atmosphäre weiter zu vernichten. Die Ökosysteme unserer Erde, deren lebende Bestandteile diese Arten sind, entsprechen den Flugzeugteilen: Ohne funktionsfähige, ineinandergreifende Ökosysteme ist unsere Erde unbewohnbar.

Wenn wir aber die verhängnisvolle Entwicklung stoppen wollen, dürfen wir nicht nur auf umweltfreundliche Politik und Gesetzgebung warten – vielmehr muß jeder bei sich selbst anfangen ... Und zwar, indem wir zuerst einmal vor unserem Anteil, den jeder von uns an der mißlichen Situation hat, nicht die Augen verschließen. Dazu gehört, daß wir erkennen, daß es zu viele Menschen auf der Erde gibt, diese Menschen und insbesondere wir in den Industrieländern pro Kopf viel zu viel Ressourcen verbrauchen und immer noch nicht gelernt haben, wirklich vernetzt zu denken.

247 Menschen wohnen in der Bundesrepublik Deutschland auf einem Quadratkilometer, also auf 1000 mal 1000 Meter Fläche. Wir stehen damit an vierter Stelle der Bevölkerungsdichte auf der Welt. So viele Menschen verträgt die Natur aber nicht. Trotzdem leben wir so gut wie keine Generation vor uns. Wie erklärt sich dieser Widerspruch? Die Antwort darauf heißt: Wir leben nur deshalb so gut, weil

- ▶ in anderen Teilen der Welt weniger Menschen leben,
- ▶ weil wir die Vorräte unserer und anderer Länder leichtfertig verbrauchen und
- ▶ weil wir unsere Abfälle einfach nur wegwerfen und nicht entsorgen.

All dies ist allerdings nur zeitlich begrenzt möglich.

Am besten läßt sich der viel zu hohe Pro-Kopf-Verbrauch in den Industrieländern am Beispiel der sogenannten Primärenergie verdeutlichen, also am Verbrauch nicht erneuerbarer Energieträger wie Öl, Kohle, Gas, Uran und der Energie durch Wasserkraft.

Setzt man den durchschnittlichen Weltverbrauch pro Kopf und Jahr mit 100 % an, so ergeben sich 1990 für die USA 586 %, für die übrigen Industrieländer 325 %, für die Dritte-Welt-Länder 19 % und für Länder mit zentraler Planwirtschaft 90 %. Jeder US-Amerikaner verbraucht also 31mal, jeder Westeuropäer 17mal mehr Energie als die Afrikaner, Asiaten und Südamerikaner. Anstelle von *verbrauchen* könnte man genauso gut *vergeuden* sagen, denn ein großer Teil der verbrauchten Energie ließe sich einsparen, ohne daß die Lebensqualität des einzelnen sinken müßte.

1.1 WIR MÜSSEN LERNEN, VERNETZT ZU DENKEN

Unsere Politiker müssen ständig versuchen, Probleme zu lösen. Auch dies mag ein typisches Beispiel verdeutlichen: Ein Großunternehmen benötigt einen (günstigen) Standort für eine Erweiterung, was nahezu immer eine Ausdehnung von Industriegebieten in noch nicht verbaute Landschaft bedeutet. Die Sprecher der Firma verkünden, daß davon die Schaffung und Sicherung von vielen Arbeitsplätzen abhinge. In der politischen Diskussion wird zumeist nicht erörtert, welche ungünstigen Nebenwirkungen diese Ansiedlung für die Region haben könnte. Entscheidend ist die Aussicht, einem von Arbeitslosigkeit betroffenen oder bedrohten Gebiet die Segnungen eines Großbetriebes zu verschaffen: angeblich stabile Arbeitsplätze und planbare Steuereinnahmen. Aber was passiert, wenn die Firma plötzlich viel weniger Aufträge bekommt? Ist die Region dann vielleicht nicht viel schlechter dran als vorher? Wären andere Standorte – wenn auch für die betreffende Region zwar arbeitsmarktpolitisch nicht wirksam – volkswirtschaftlich nicht besser geeignet?

Würden andere Standorte eventuell weniger Landschaftsschäden verursachen? Wie wirken

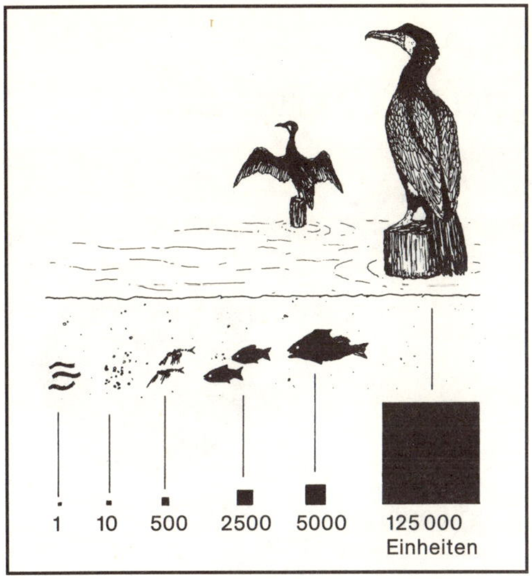

Die Grafik verdeutlicht die Anreicherung von Insektizidrückständen im Verlauf einer Nahrungskette, besonders die exponentielle Entwicklung am Ende der Kette.

sich zusätzliche Verkehrswege und erhöhtes Verkehrsaufkommen auf unsere Umwelt aus? Nur wenn solche Fragen gestellt und nicht in unzulänglicher, oft provinzieller Art und Weise beantwortet werden, lassen sich anstehende Probleme angemessen lösen und neue vermeiden.

Hierzu noch ein weiteres Beispiel: Als Mitte der vierziger Jahre *DDT* zur Schädlingsbekämpfung eingeführt wurde, glaubte man, ein ideales Mittel gefunden zu haben. Geringste Spuren des Wirkstoffes hatten durchschlagende Wirkung. Die damals gebräuchlichen Schwermetallmittel, die für den anwendenden Landwirt hochgefährlich waren, konnten ersetzt werden. Niemand stellte damals die Frage, was aus dem *DDT* wird, nachdem es versprüht war. Es dauerte viele Jahre, bis man erkannte: *DDT* ist eine hochgefährliche Zeitbombe, denn es reichert sich in der Nahrungskette an und wird damit immer gefährlicher. Die Endglieder einer Nahrungskette wie Fischadler, Wanderfalke oder Kormoran drohten auszusterben.

Wir wissen inzwischen, welche schlimmen Folgen unüberlegte Entscheidungen haben können, wenn Nebenwirkungen nicht bedacht werden. Um so wichtiger ist es, vor jedem Eingriff in den Naturhaushalt – und eigentlich stellt jedes menschliche Handeln einen Eingriff dar – alle möglichen Auswirkungen zu bedenken, um Schaden gar nicht erst entstehen zu lassen. Hier sind Parlamentarier und Behörden auf allen Ebenen genauso gefordert wie jeder einzelne Bürger bzw. jede einzelne Bürgerin.

Welche Umweltprobleme unser ganz normales Leben in sich birgt und was der oder die einzelne im Alltag zum Schutz der Umwelt tun kann bzw. lassen sollte, darauf sollen die folgenden Abschnitte Hinweise geben.

1.2 WIR MÜSSEN LERNEN, (UN)ANGEPASST ZU DENKEN

Täglich entscheidet jeder von uns aufs neue, wie und in welchem Maße wir die Naturgüter benutzen. Das fängt beim Umgang mit uns selbst an und reicht über das Wohnen und die Gestaltung des Wohnumfeldes bis zu unserem Verhalten als Mitglieder einer mobilen Gesellschaft. Ziel ökologischen Denkens ist, so zu leben und die Lebensbedingungen so zu gestalten, daß wir als biologisches System *Mensch* intakt, d. h. gesund bleiben. Dazu gehört, krankmachende Faktoren und Umstände zu vermeiden bzw. zu beseitigen und uns weder psychisch noch körperlich zu *stressen*. Die Zunahme von Allergien deutet z. B. auf ein Versagen unseres Immunsystems wegen einer andauernden körperlichen Überforderung durch ungesunde Umwelt und ungesunde Lebensform hin. Kennzeichen dafür sind z. B. die weite Verbreitung ungesunden und risikoreichen Verhaltens wie Rauchen, Alkoholkonsum, das Ausüben von Risikosportarten (z. B. Alpinski, Gleitschirmfliegen ...) u. a. m.

Wir müssen erkennen, daß auch wir Teil der Natur sind und daß wir existentiell abhängig sind von natürlichen Lebensumständen.

2. WOHNEN UND LEBEN ALS UMWELTBÜRGER

2.1 WASSER – STETER TROPFEN ...

»Wasser wird knapp« liest man immer wieder in der Zeitung, doch Wasser gibt es eigentlich auch weiterhin genug – jedoch immer weniger unverschmutztes und sauberes, immer weniger Trinkwasser. Statistisch gesehen verbraucht jeder Bundesbürger täglich rund 150 Liter Trinkwasser. Allerdings wird nur ein ganz geringer Teil

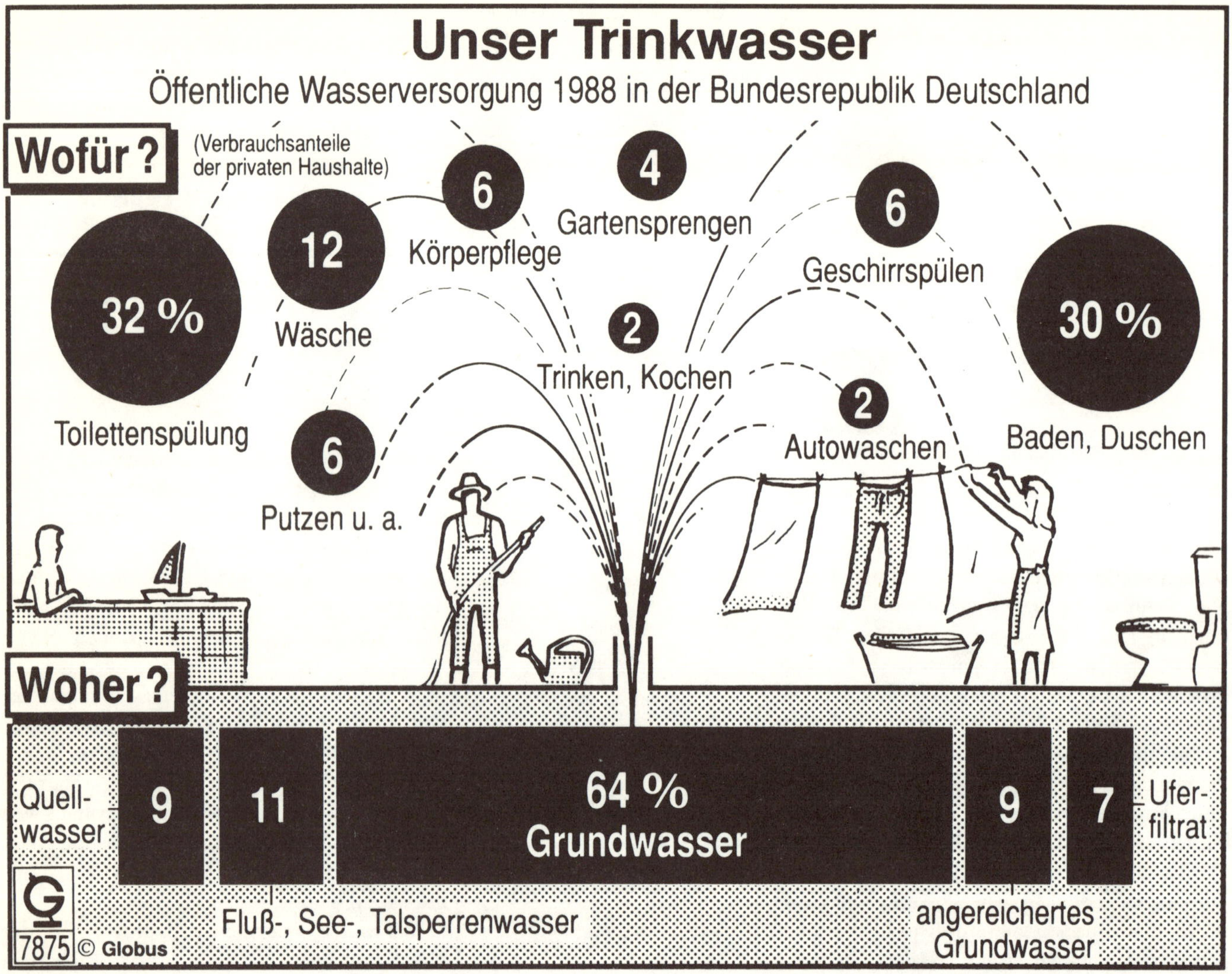

davon auch wirklich zum Trinken und Kochen verwendet, nämlich nur zwei bis drei Liter. Die restlichen 98 % werden überwiegend der Hygiene geopfert, allein ein Drittel spülen wir durch die Toilette.

Denkbar wäre eine Unterscheidung in Trink- und Brauchwasser; dies ist z. B. auf Schiffen und in vielen südlichen Ländern, also überall dort, wo Wasser knapp ist, eine Selbstverständlichkeit. Umweltfreundliches Verhalten muß sich also auf den sparsamen Umgang mit dem kostbaren Gut *Wasser* konzentrieren.

Beim sparsamen Umgang mit Wasser wird allerdings nicht nur der Umwelt etwas Gutes getan, sondern auch dem eigenen Geldbeutel. Zur Zeit wird für jeden Kubikmeter Wasser (= 1000 l) einschließlich Abwassergebühren ca. DM 4,– und mehr gezahlt. Häufig kann man schon ohne technische Nachrüstung Wasser sparen, wenn nur die Hähne nicht tropfen. Ein tropfender Wasserhahn verliert pro Tag bis zu 17 Liter. Wird aus diesem Tropfen ein dünner Strahl von nur einem Millimeter Durchmesser, so entspricht das rund 216 Liter pro Tag und im Jahr 79 Kubikmeter (= 315 DM/Jahr). Ein undichter Spülkasten läßt in der Stunde über 20 Liter, pro Tag 480 Liter und pro Jahr rund 175 Kubikmeter Wasser auslaufen (= 700 DM). (Angaben nach LAWA).

2.2 HAUSHALT SAUBER – UMWELT VERSCHMUTZT

Beim Waschen, Putzen und Reinigen werden immer mehr Chemikalien eingesetzt. Haushaltschemikalien bilden heute einen Markt mit rund 4 Milliarden DM Umsatz. Pro Vier-Personen-Haushalt werden im Jahr mehr als 140 Kilogramm Chemikalien benutzt: Seifen, Kosmetika, Waschmittel, Bodenreiniger, Abflußreiniger, Farben, Lacke, Autopflegemittel, Klebstoffe, Sprays, Desinfektionsmittel, gefährliche Pflanzenbehandlungsmittel u. a. m. Das Bürsten und Schrubben beim Abwaschen und Putzen ist dem Einsatz ätzender Mittel gewichen, der Gebrauch der Fliegenklatsche der Benutzung des Mückensprays. Die chemischen Hilfsmittel für den Haushalt sind für die Natur chemische Kampfstoffe.

Kaum jemand denkt heute darüber nach, wo die insgesamt mehr als zwei Milliarden Kilogramm Chemikalien (pro Jahr) aus unseren Haushalten eigentlich bleiben. Mit Sauberkeit hat der steigende Verbrauch nicht mehr viel zu tun, wohl aber mit der Wirksamkeit des gigantischen Werbeaufwands, den die chemische Industrie betreibt.

Zum Beispiel: »Wenn der Abfluß mal verstopft ist, ja was ist denn schon dabei? Da nimmt man ...«

Für die Verwendung von Haushaltsmitteln können folgende einfache Regeln gelten, die sowohl die Umwelt als auch den Geldbeutel schonen:

- so selten wie möglich verwenden;
- so wenig wie möglich benutzen;
- sparsam dosieren;
- soweit vorhanden, Produkte mit Umweltzeichen benutzen.

Folgende Tips gibt die Länderarbeitsgemeinschaft Wasser (LAWA):

- **Sparen beim Baden, Duschen und bei der Körperpflege:**
  - Ziehen Sie das Duschen einem Wannenbad vor. Für ein Vollbad benötigen Sie 150–180 Liter, für ein Duschbad nur 30–50 Liter.
  - Stellen Sie während des Einseifens die Dusche ab.
  - Benutzen Sie beim Zähneputzen einen Zahnputzbecher.
  - Achten Sie auf wassersparende Einrichtungen wie Durchflußmengenbegrenzer und Einhandmischer, die schneller als bei Zwei-Griff-Armaturen die gewünschte Temperatur erzielen und halten.
- **Sparen auf der Toilette:**
  Nach dem ›kleinen Geschäft‹ Spartaste betätigen. Bei neuen Spülkastenmodellen ermöglicht eine Spartaste die Unterbrechung des Spülvorganges. Die Wasserersparnis liegt bei ca. 40 % des Spülwassers, was ungefähr 18 Liter Trinkwasser pro Person und Tag ausmacht. Ohne Spartaste kann man den Spülvorgang entweder mechanisch unterbrechen (Hochziehen der Spültaste) oder die Wassermenge insgesamt dadurch reduzieren, daß man einen Ziegelstein in den Spülkasten legt.
- **Sparen beim Geschirrspülen und beim Wäschewaschen**
  - Geschirrspülautomaten sind ökologisch in hohem Maße bedenklich – aber natürlich auch sehr angenehm, weil sie uns das lästige Abwaschen ersparen. Bedenklich sind sie deshalb, weil sie im Vergleich zum Hand-Abwasch wesentlich mehr Energie verbrauchen sowie durch viel Wasser und aggressive Chemikalien die Spülbürste ersetzen müssen. Deshalb sollte bei der Anschaffung auf niedrigen Energie- und Wasserverbrauch und bei der Benutzung auf eine volle Geräteauslastung geachtet werden.
  - Letzteres gilt für Waschmaschinen in gleichem Maße. Hier sollte bei gering verschmutzter Wäsche das Sparprogramm benutzt sowie bei 95°-Programmen auf die Vorwäsche verzichtet werden.

Ob unsere Gewässer sauber bleiben, entscheidet sich letztlich in jedem einzelnen Haushalt. Man muß sich schon fragen, wie man Abhilfe schaffen kann, wenn der Abfluß einmal verstopft ist: Saugglocke, Klempnerzange und Bürste helfen nämlich, Chemie im WC zu vermeiden.

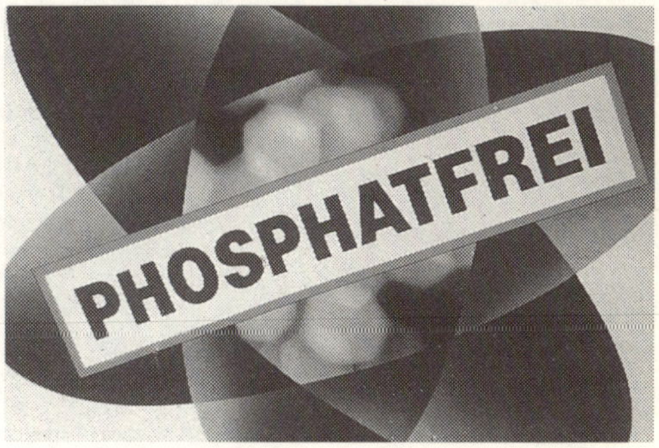

2.3 MÜLL UND ABFALL – KEHRSEITE DES KONSUMS

Aus: *Ökologie in der Erwachsenenbildung* H. 2, Hg.: Bundeszentrale für politische Bildung, Bonn 1986, S. 69.

Der Weichspüler befindet sich in einer riesigen Flasche aus Plastik, Gemüse in Konservendosen, die Gewürzdose ist nicht nachfüllbar, Fruchtsäfte und Milch sind im Karton, das Einmalfeuerzeug ist auf mit Folie überzogener Pappe verschweißt ... Fast die Hälfte unseres gesamten Hausmüllaufkommens besteht aus Verpackungen. Und dafür zahlen wir gleich dreimal:

- für die Verpackung des Produktes selbst,
- für die Müllgebühren,
- und für die Umweltprobleme, die bei der Müllbeseitigung entstehen.

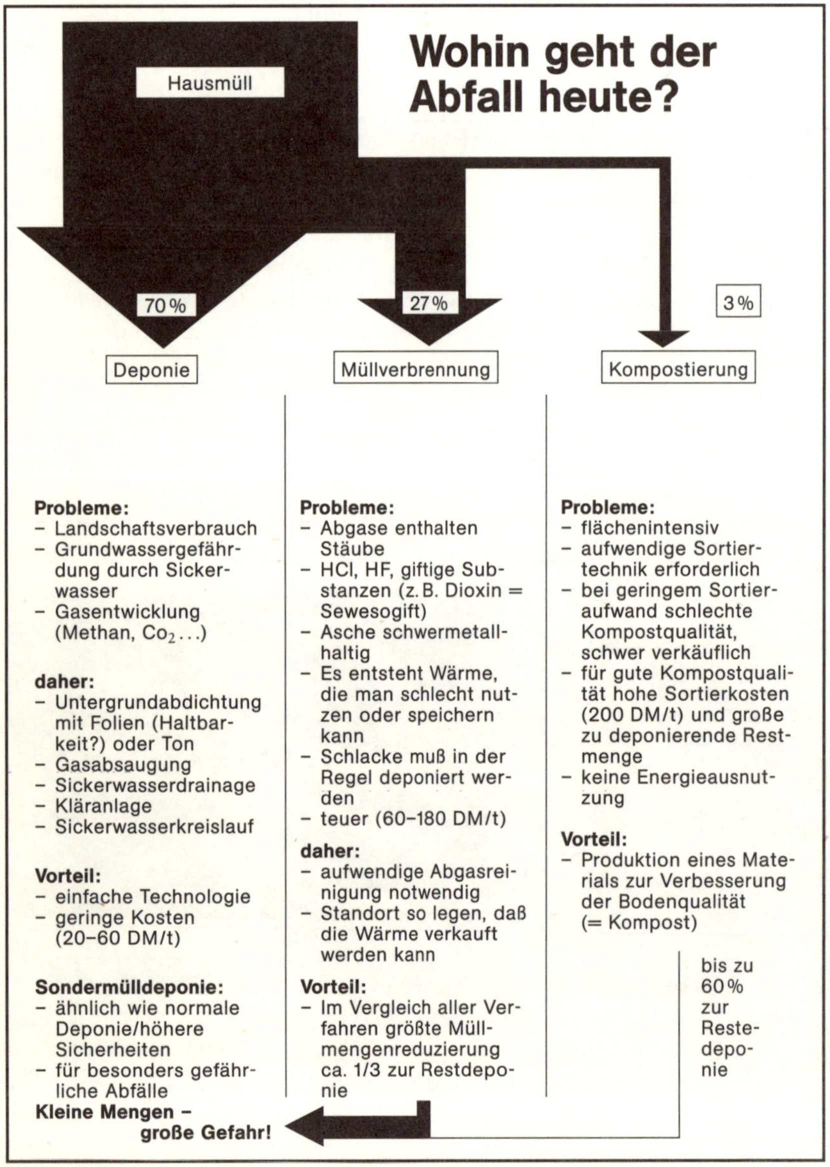

Deshalb muß die Devise heißen: am besten Müll überhaupt nicht entstehen lassen. Schon beim Einkauf läßt sich die Abfallmenge reduzieren: keine unnötigen Verpackungen, keine Plastiktüten, Mehrwegflaschen statt Einwegflaschen. Der anfallende Abfall sollte gleich getrennt gesammelt und nach Möglichkeit einer Wiederverwertung zugeführt werden (Altpapier und Altglassammlung; Kompostierung). Gefährlicher Müll sollte zu den entsprechenden Sammelstellen gebracht werden: z. B. Batterien, Farben und Lacke; Arzneimittel zum Apotheker; Altöl zur Tankstelle.

Generell sollten nur noch Waren gekauft werden, die nicht umweltbelastend sind. Umweltfreundlich sind Produkte dann, wenn sie sich auszeichnen durch

- keine unnötige Verpackung,
- eine hohe Gebrauchstauglichkeit,
- leichte Reparierbarkeit,
- lange Lebensdauer,
- keinen umweltschädlichen Herstellungsprozeß,
- fehlende giftige bzw. umweltschädliche Materialien oder Stoffe.

Für die Kennzeichnung von umweltfreundlichen Produkten ist vom Umweltbundesamt ein *Umweltzeichen* geschaffen worden, welches von einer unabhängigen Jury gewährt wird.

Es wird für die Dauer von drei Jahren vergeben, anschließend wird das Produkt erneut überprüft. Mit diesem Umweltzeichen wird darauf hingewiesen, daß das so gekennzeichnete Produkt im Vergleich zu anderen Produkten weniger zur Umweltbelastung beiträgt. Dabei wird im Zeichen das Beurteilungskriterium genannt. Bei der Vergabe wird zusätzlich zur Umweltfreundlichkeit auch die Gebrauchstauglichkeit und die Sicherheit geprüft. Die Informationsmappe *Das Umweltzeichen* kann man beim Umweltbundesamt (Bismarckplatz 1, 1000 Berlin 33) bestellen.

2.4 HAUS UND HOF – UMWELT-PROBLEME HAUSGEMACHT

Mittlerweile gibt es im Bundesgebiet ca. 12 % Siedlungsfläche, von denen 5 % überbaut sind. 5% tote, weil versiegelte Fläche also? Das muß nicht sein! Zum Beispiel muß man seine Garageneinfahrt nicht asphaltieren. Es genügt, wenn die Spuren mit Natursteinen gepflastert und der Zwischenraum mit Kies aufgeschüttet wird. Genauso kann man Höfe befestigen, ohne daß die ganze Fläche versiegelt wird. Auch Fassaden lassen sich durch Begrünung lebendig machen. Diese schützt die Hauswände im Sommer vor zu starker Aufheizung und im Winter vor Abkühlung. Das verzögert den Verwitterungsprozeß, hilft Energie sparen und verbessert das Kleinklima. Darüber hinaus bieten Kletterpflanzen den Insekten Nektar und Pollen und den Vögeln Beeren als Nahrung. Grauschnäpper, Amsel und Zaunkönig bauen ihre Nester gerne in Kletterpflanzen. Es eignen sich hierfür ganz besonders Efeu, Waldrebe, Knöterich, Wilder Wein, Kletterhortensie, Waldgeißblatt, Hopfen und Kletterrosen. Jeder kann also durch ganz einfache Maßnahmen mehr Grün – und damit mehr Natur und mehr Lebensqualität – an das Haus holen. Solche Initiativen können wertvolle grüne Bausteine für Dorf und Stadt sein.

Tips für Hausbesitzer, Hausbenutzer – und solche, die es werden wollen.

- ▶ Sorgen Sie für optimale Wärmedämmung Ihres Hauses. Damit sparen Sie Geld beim Heizen und helfen, den Ressourcenverbrauch zu senken und die Umwelt von Schadstoffen zu entlasten.
- ▶ Heizen Sie Ihr Haus nicht mit Strom, weil bei der Erzeugung und beim Transport von Strom viel Energie verloren geht.
- ▶ Verwenden Sie keine Holzschutzmittel und Holzfarben, die Insektizide und Fungizide enthalten, denn die schaden nicht nur Insekten, sondern auch den Bewohnern des Hauses. Lassen Sie die Balken stattdessen mit Heißluft behandeln.
- ▶ Asphaltieren und betonieren Sie Hof- und Gartenflächen nicht, damit von Ihrem Grundstück so viel Regenwasser wie möglich in den Boden versickern kann.
- ▶ Versehen Sie Gullys mit Kellerdraht (1 cm Weite), damit Amphibien und andere Kleintiere nicht hineinfallen und elend umkommen.
- ▶ Versehen Sie Regenfallrohre und Lüftungsrohre mit Drahteinsätzen, damit Fledermäuse und Vögel nicht darin umkommen, wenn sie bei der Wohnungssuche hineinkriechen.
- ▶ Füllen Sie Zwischenräume zwischen Dämmplatten und Kelleraußenwand mit Sand und Kies auf, damit Amphibien, Eidechsen, Spitzmäuse und Käfer nicht hineinfallen und verenden.
- ▶ Wenn das Dach nicht ausgebaut wird, lassen Sie einige Spezialriegel ohne Maschendrahtverschluß verlegen, damit Fledermäuse und Schmetterlinge hineingelangen können, die hier überwintern wollen.
- ▶ Begrünen Sie Ihr Haus mit Kletterpflanzen.
- ▶ Begrünen Sie Ihr Garagen- oder Hausdach.

Aus: Hutter, C.-P.; Thielcke, G.; Herrn, C.-P.; Faust, B.: *Naturschutz in der Gemeinde,* Stuttgart 1988.

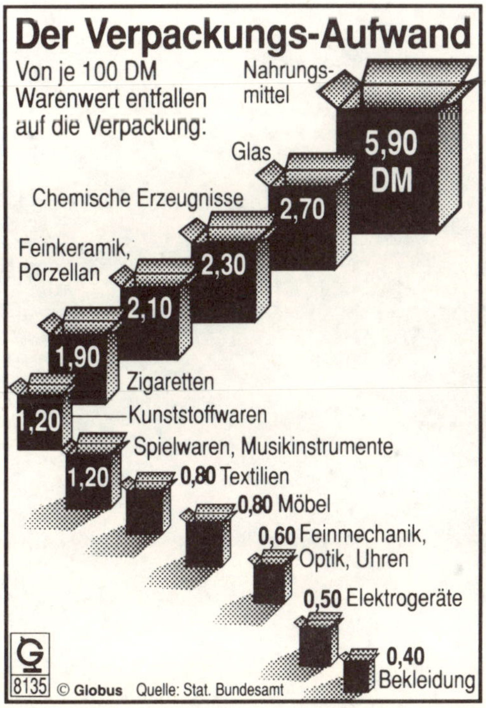

Teuerste Verpackung bei Nahrungsmitteln.
Wer nach einem Einkaufsbummel die Waren auspackt, steht anschließend meistens vor einem beträchtlichen Berg von Verpackungsmüll. Papier, Pappe, Karton und andere Materialien sollen die Waren beim Transport schützen. Die Verpackung dient aber nicht nur dem Schutz, sie soll die Ware auch 'herausputzen' und so zum Verkaufserfolg beitragen. Das meiste Verpackungsmaterial landet schließlich in den häuslichen Mülleimern; sie sind zu 16 Prozent mit Papier und Pappe gefüllt. Gemessen am Warenwert (Bruttosozialproduktionswert) wird in der Nahrungsmittelindustrie der größte Verpackungsaufwand getrieben. Das Statistische Bundesamt hat errechnet, daß bei Waren im Wert von DM 100, die die Produktionsstätten verlassen, DM 5,90 auf das 'Drumherum' entfallen. Weitaus geringer ist der Verpackungsanteil bei Kleidung. Dort kommen auf DM 100,– Warenwert nur 40 Pfennig Verpackungskosten.

2.5 GARTEN – NATURSCHUTZ ÜBER DEN ZAUN HINAUS

Im Bundesgebiet gibt es 17 Millionen Gärten. Ihre Fläche ist so groß wie Schleswig-Holstein. Bei dieser Größe ist es für die Natur von erheblicher Bedeutung, wie diese Gärten angelegt und bewirtschaftet werden.

Viele Hobbygärtner tragen zum Rückgang der Pflanzen- und Tierarten bei. Jeder Garten kann durch einen ›ordentlichen‹ Rasen zu einer Naturwüste werden, jeder Garten kann aber auch eine kleine Naturoase sein.

Von Bremerhaven bis Berchtesgaden, überall dieselben Bilder: einfallslose, leergefegte Einheitsgärten und kümmerliche, schnurgerade Spielplatz-Alibibegrünung. Man meint, der Großputz habe im Garten stattgefunden.

Wie kann der Garten zu einem naturnahen Raum werden? Zum einen durch den Verzicht auf Überdüngung und Schädlingsbekämpfungsmittel, zum anderen durch den Anbau heimischer Gewächse (Pflanzen, Sträucher, Bäume). Das können Obstbäume oder Wildgehölze sein. Bei Obstbäumen sollten Hochstämme und regionale Sorten gepflanzt werden. Diese können zwar im Ertrag etwas geringer ausfallen als Neuzüchtungen, dafür sind sie aber nicht so anfällig gegenüber Schädlingen; außerdem wird damit dem Artenschwund entgegengesteuert. Auch sollten heimische Sträucher gepflanzt werden, da nur diese als Nahrungsquelle für heimische Insekten dienen, während die Blüten und Blätter fremdländischer Gehölze für sie oft ungenießbar sind. Auch bietet eine naturnahe Wiese mit Gänseblümchen, Gundermann, Margeriten, Wiesensalbei und diversen Gräsern Nahrung und Schutz für viele *niedere* Tiere.

Aus: Grießhammer: *Ökoknigge*, Reinbek 1987, S. 165.

Auch Pestizide wie Insektizide, Herbizide und Fungizide, also Schädlings-, Pflanzen- und Pilzbekämpfungsmittel, gehören nicht in einen Naturgarten. Dabei werden nützliche Insekten und Tiere getötet bzw. ihnen der Lebensraum entzogen und dadurch verlieren Vögel ihre Nahrungsquelle: der Naturhaushalt gerät durcheinander.

Die Vorteile beim Verzicht auf Chemie im Garten sind:

- keine Rückstände von Pflanzenschutzmitteln in Obst und Gemüse,
- Erhaltung des ökologischen Kreislaufs,
- Geldersparnis für den Hobbygärtner, denn ist der natürliche Kreislauf erst einmal unterbrochen, muß künstlich gedüngt und gespritzt werden.

Naturnahe Gärten sind gekennzeichnet durch eine natürliche Bewirtschaftung: gedüngt wird mit Kompost vom eigenen Komposthaufen (der gleichzeitig das Müllaufkommen reduziert) und gegossen wird mit Wasser aus der Regentonne (womit gleichzeitig der Trinkwasserverbrauch gesenkt wird). Ebenfalls sollte auf Torf verzichtet werden; die Verwendung trägt nur zur Zerstörung des gefährdeten Lebensraumes *Moor* bei. Wer noch mehr für die Natur im eigenen Garten tun will, legt einen Teich mit verschiedenen Tiefenzonen an, stützt Böschungen mit Trockenmauern aus Natursteinen ab und baut für Lebewesen durchlässige Zäune.

Letztlich kommt es gar nicht so sehr darauf an, ob nun ein Bauerngarten angelegt wird oder ob einem Natur-, Nutz-, Spiel- oder Ziergarten der Vorzug gegeben wird. Wichtig ist, daß in den Gärten wieder mehr Natur einzieht und Gärten wieder das sind, was sie früher einmal waren: nämlich gleichermaßen Lebensraum für Mensch, Tier und Pflanze.

3. DER BÜRGER ALS VERKEHRSTEILNEHMER

»Bald wird man überall hinfahren können, nur wird es nicht mehr lohnen, dort anzukommen.« *(Konrad Lorenz)*.

Beim Wort Verkehrsteilnehmer denken wir in der Regel an den Autofahrer. Und das ist – leider – auch nicht falsch, denn der Anteil des PKW-Verkehrs an der gesamten Verkehrsleistung nahm von 34 % im Jahr 1950 auf 81 % im Jahr 1989 zu.

Diese private Mobilität kostet uns einen hohen Preis: Luft- und Lärmbelastung, Verkehrsunfälle und Krankheitskosten, Landschaftsverbrauch sowie ein ständig schlechter werdendes öffentliches Verkehrsnetz (was wiederum eine Ursache für die Zunahme des privaten Verkehrs ist), und anderes mehr.

Unser Wald stirbt. Mehr als 50 % aller Bäume

Die Abgase der Autos sind nach wie vor die großen Umweltverschmutzer.

sind krank. Schuld daran sind zu einem erheblichen Teil unsere Autos; so stammen etwa 45 % der giftigen Stickoxide aus dem Kraftfahrzeugverkehr. Wer mit seinem Auto 1000 Liter Benzin verbraucht hat – damit könnte man bei einem angenommenen Verbrauch von 8 l pro 100 km 12 500 Kilometer fahren – belastet die Umwelt um ca. 300 kg Kohlenmonoxid, 30 bis 40 kg organische Dämpfe, 3 bis 13 kg Stickoxide, rund 2,5 kg Aldehyde, ca. 2,5 kg Schwefelverbindungen, jeweils 0,3 kg organische Säuren und Ammoniak und um 0,05 kg feste Partikel wie Blei, Zink, Platin (aus den Katalysatoren). (Die Zahlen stammen aus: Grießhammer, *Der Öko-knigge*, Reinbek 1987, S. 215 f.)

Da 80 % aller KFZ-Personenfahrten im Nah- und Stadtverkehr erfolgen, erscheint eine Nutzung des öffentlichen Nahverkehrs und des Fahrrades in diesem Bereich als besonders sinnvoll. Deshalb sollte die Notwendigkeit einer jeden Autofahrt geprüft werden: muß man tatsächlich mit dem Auto fahren? Wäre zu Fuß gehen oder Fahrradfahren für meine Gesundheit und die Umwelt nicht viel besser? Aber auch bei längeren Fahrten sollte man sich überlegen:

natur 4/88

Komme ich mit Bus oder Bahn nicht mit viel weniger Streß und trotzdem in einer angemessenen Zeit ans Ziel? (Und muß dann keinen Parkplatz suchen.) Das gilt auch für Urlaubsfahrten, die oft mit kilometerlangen Staus beginnen und enden.

Wenn man auf das Autofahren wirklich nicht verzichten kann, so sollte wenigstens der Schadstoffausstoß vermindert werden. Dies kann man tun, indem man nur einen schadstoffarmen Wagen fährt, der auch die strengen US-Normen einhält. Oder indem man durch Fahrweise und Temporeduzierung weniger Treibstoff verbraucht und damit den Schadstoffausstoß verringert. Außerdem werden dadurch auch Ressourcen verbraucht. So ist zum einen der Landschaftsverbrauch durch Straßen- und Parkplatzbau sehr groß: die Bundesrepublik hat mit 500 000 Kilometern Verkehrsadern das dichteste Verkehrsnetz der Welt, es nimmt nahezu 9 % der Fläche der Bundesrepublik ein. Zum anderen wird auch sehr viel Primärenergie verschwendet – rund 20 % der Energie wird im Verkehr verbraucht, davon 87 % im Straßenverkehr. Dabei ist der Verbrauch von Primärenergie (Benzin und Öl) beim PKW pro Person dreimal so hoch wie bei der Bahn.

Alle reden von öffentlichen Verkehrsmitteln, und dennoch werden sie wenig genutzt und – von einigen Ausnahmen abgesehen – wenig gefördert. Immer mehr Menschen benutzen für ihre Urlaubsreisen Flugzeuge. Zudem fliegen die Flugzeuge höher, weil in 12 bis 14 km Höhe der Luftwiderstand geringer ist und damit weniger Treibstoff verbraucht wird. So positiv die Treibstoffersparnis ist, so gefährlich wirken die Schadstoffe in höheren Schichten der Atmosphäre. Die Stickoxide verweilen in hohen Luftschichten länger als in unteren und können unter der Extrembedingung in großen Höhen chemisch sehr aktiv sein. Vermutlich tragen sie mit zur Vergrößerung des Ozonlochs bei. Deshalb wäre es ökologisch sinnvoll, Flüge eher einzuschränken als auszuweiten. Einen kleinen Beitrag kann jeder Bürger dazu leisten, indem er zumindest auf Inlandflüge ganz verzichtet.

So kann sinnvolle Öffentlichkeitsarbeit auch aussehen.

Natürlich können alle die aufgezeigten Verkehrs- und Umweltprobleme nicht dazu führen, auf das Auto als Mittel des Individualverkehrs zu verzichten. Zum einen aus wirtschaftlichen Gesichtspunkten (Automobilindustrie und abhängige Industriezweige), zum anderen garantiert der Individualverkehr ein Mehr an persönlicher Freiheit von vorher nicht gekanntem Maße. Allerdings sollte man sich als Umweltbürger auch der Problematik bewußt sein und nach Möglichkeiten umweltgerechter Mobilität suchen. Sonst schlägt diese Freiheit in Unfreiheit, die Mobilität in Immobilität um – und in der Tat mehren sich die Zeichen, daß wir nicht mehr weit davon entfernt sind. Das Zusammenbrechen des Stadtverkehrs, die täglichen und urlaubsbedingten Staus, zunehmende Umwelt- und Gesundheitsschäden sollten Mahnung sein, das umweltgerechte Maß zu finden.

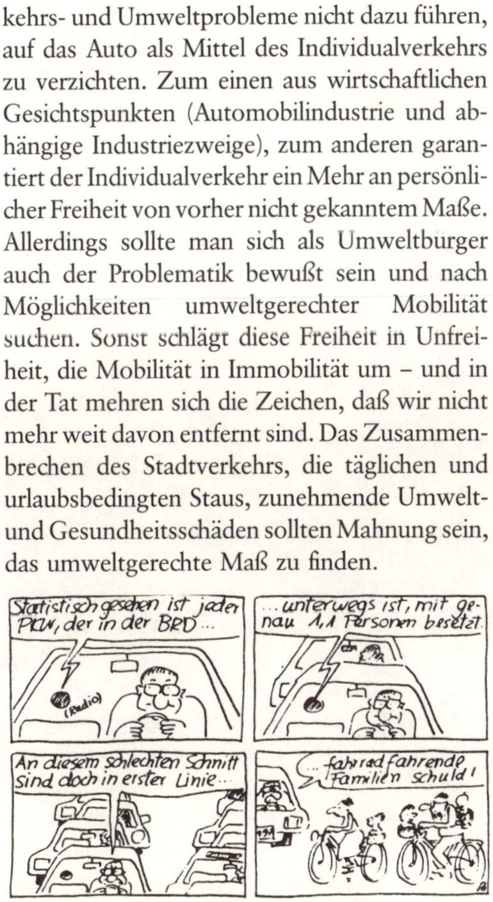

Renate Alf, *Automuffel.* Aus: *Eltern 9/89.*

4. POLITISCH HANDELN ALS UMWELTBÜRGER

4.1 ALLEINE STARK...

Jeder Bürger kann etwas für den Schutz der Umwelt tun. Grundbedingung dafür ist, daß er sich zuerst über umweltrelevante Probleme und umweltfreundliche Handlungsmöglichkeiten informiert – und dann natürlich auch nach Kräften danach handelt. Bei den bisher aufgezeigten Anregungen sind auch diejenigen besonders wichtig, die markt- und produktionssteuernde Funktion haben. Das für unser marktwirtschaftliches System besonders wirkungsvolle Mittel liegt im Kauf oder Nicht-Kauf von Produkten. Wenn es ein gewünschtes oder benötigtes Produkt noch nicht in umweltgerechter Form gibt, wird durch aktives Nachfragen der ›Lästigkeitsgrad‹ und damit der Handlungsdruck für Produzenten und Handel erhöht. Durch die Nachfrage vieler Verbraucher nach umweltfreundlichen Produkten wird zudem dem Handel eine Marktlücke und damit eine Verdienstmöglichkeit signalisiert.

...vereint stärker

Nun ist individuelles Handeln zwar notwendig und sinnvoll, hat jedoch auch Grenzen. Es nützt dem Umweltbürger gar nichts, daß er eine positive Einstellung gegenüber öffentlichen Verkehrsmitteln hat und diese auch benutzen will, wenn diese nicht vorhanden sind. Ökologie ist vernetzt, und ihr Verständnis setzt die Fähigkeit zu vernetztem Denken voraus.

Daraus folgt: das eigene Handeln muß mit dem der anderen *vernetzt* werden. Das kann durch gemeinsames Lernen und Diskutieren genauso geschehen wie durch die Mitgliedschaft in einer Partei oder einer Mitgliedschaft und Mitarbeit in Umweltschutzorganisationen und/oder – auf konkrete Anlässe bezogen – in Bürgerinitiativen.

Parteien, Verbände und Bürgerinitiativen betreiben in der Regel intensive Öffentlichkeitsarbeit. Aber auch jeder einzelne Bürger kann zur Informationsvernetzung beitragen und Einfluß

Schützen statt spritzen

Der *Bund für Umwelt und Naturschutz Deutschland e.V.* (BUND) ruft zur Aktion „Garten ohne Gift" auf. Die Kampagne richtet sich an alle Pestizid-Freunde. Zwei Jahre lang will ihnen der BUND mit Aufklärungsmaterialien zur Seite stehen. Lokale Aktionen sollen das Projekt verstärken. „Garten ohne Gift" ist die siebte Öko-Kampagne in der Geschichte des BUND. Material kann bei der Bundesgeschäftsstelle, Im Rheingarten 7, 5300 Bonn 3, Telefon (0228) 4009721, bestellt werden.

Links: In Natur- und Umweltschutzverbänden haben die Bürger am ehesten die Gelegenheit, ganz aktiv am Umweltgeschehen der eigenen Gemeinde mitzuwirken.

Rechts: *Südwest Presse*

darauf nehmen, worüber in den Medien berichtet wird. Ohne eine kritische Berichterstattung der Medien über Umweltprobleme wäre das Umweltbewußtsein noch nicht so weit fortgeschritten. Umweltbezogene Themen werden in Presse, Rundfunk und Fernsehen natürlich nur dann aufgegriffen, wenn die Medien von brisanten Problemen erfahren. Medien sind keine Einbahnstraße für Informationen, sie sind auch auf Informationen durch die Bürger und deren Reaktionen angewiesen. Deshalb sind zustimmende oder ablehnende Leserbriefe von großer Bedeutung – selbst wenn sie nicht abgedruckt werden. Bleibt ein Beitrag ohne Reaktion, schließen die Redakteure und Programmgestalter auf Desinteresse und bringen nichts mehr zu diesem Thema.

Adressaten umweltpolitischer Anregungen und Forderungen sind Politiker, Parteien und Verwaltungen. Naturschutz- bzw. Umweltschutzverbände müssen dabei Lobby der Umwelt sein. Je mehr Mitglieder diese Verbände haben, desto gewichtiger können sie gegenüber Politik und Verwaltung auftreten. Es gibt Umweltschutzorganisationen, die durch spektakuläre Aktionen auf den Zustand der Umwelt aufmerksam machen (z. B. Greenpeace, Robin Wood) und andere, die durch politische Gremienarbeit Einfluß geltend machen bzw. die lokalen Aktionen und Aktionsgruppen koordinieren (BBU) und aufbauen (z. B. BUND, DBV).

Was sich hinter diesen Abkürzungen verbirgt und in welchen Organisationen man sich engagieren kann, wird im folgenden vorgestellt (nach Grießhammer: *Ökoknigge*, Reinbek 1987, S. 267 ff.):

Bund für Umwelt und Naturschutz Deutschland e.V. (BUND)

Der BUND wurde 1975 gegründet und ist gleichermaßen dem Umwelt- wie dem Naturschutz verpflichtet und setzt sich für die Verbreitung ökologischen Denkens und Handelns ein (z. B. durch große Kampagnen: Rettet die ... Vögel, Frösche, Wälder; Garten ohne Gift). Der BUND hat bundesweit die größte Mitgliederzahl und ist ebenfalls auf Landes-, Regional-, Kreis- und Ortsebene formiert. Er ist ein nach § 29 des Bundesnaturschutzgesetzes (BNatschG) anerkannter Naturschutzverband, d. h. er muß bei allen Planfeststellungsverfahren und bei der Ausweisung von Schutzgebieten gehört werden. Er ist parteipolitisch neutral und unterstützt in allen Parteien diejenigen Kräfte, die sich für die Erhaltung der Lebensgrundlagen einsetzen; folgerichtig versucht er, durch (parlamentarische) Anhörungen Einfluß zu nehmen.

Naturschutzbund Deutschland e.V. (DBV)

Der DBV hat sein ursprüngliches Programm – den Schutz der Vögel – erweitert und sich zu einem ökologisch orientierten Naturschutzverband entwickelt. Er ist nach § 29 BNatschG anerkannt. Seine Stärke liegt in der Tätigkeit vor Ort – nicht nur im Vogelschutz, sondern auch im Naturschutz allgemein. Er betreut viele

Schutzgebiete, z. B. Wallnau, Federsee, Wollmatinger Ried, bietet zusätzlich – wie der BUND – Schulungen auf vielen Gebieten an und ist ebenfalls sehr aktiv in der Jugendarbeit und Umwelterziehung. Jedes Jahr wird vom DBV eine besonders gefährdete Vogelart als ›Vogel des Jahres‹ ausgewählt. 1989 waren dies der Teichrohrsänger und 1990 der Pirol.

Robin Wood, Gewaltfreie Aktionsgemeinschaft für Natur und Umwelt e. V.

Robin Wood macht durch spektakuläre Aktionen auf Umweltmißstände aufmerksam, wie z. B. durch ›Besetzungen‹ von Schornsteinen besonders luftverschmutzender Kraftwerke oder durch ›Verpackung‹ von Waldstücken, um auf die verheerenden Wirkungen des sauren Regens aufmerksam zu machen. Eine Mitgliedschaft ist sowohl als Einzelperson wie auch als Ortsgruppe möglich.

4.2 LOKALE BÜRGERINITIATIVE

Zu fast allen Planungs- und Bauprozessen bilden sich heutzutage Bürgerinitiativen. Und der Erfolg gibt dieser Form der nichtparlamentarischen Bürgerbeteiligung recht. Untersuchungen haben ergeben, daß ungefähr 20 % aller untersuchten Bürgerinitiativen ein voller Erfolg beschieden war und ein weiteres Drittel einen Teilerfolg aufweisen konnte. Diese lose und fallbezogene Organisationsform politischen Handelns richtet sich meist an Kommunalverwal-

Ein Sänger wurde Vogel des Jahres 1990

In der Aue flötet der Pirol

Lebensraum wird immer enger / Späte Rückkehr nach Europa

Karlsruhe. Vicco von Bülow hat – wer weiß das nicht – als Loriot Karriere gemacht. Loriot wiederum ist der französische Name für den Singvogel Pirol. Und der wiederum heißt im Volksmund auch Bülow. Alles klar? – Jetzt wurde dem Oriolus oriolus – so seine lateinische Bezeichnung – eine zusätzliche Ehre zuteil: der Deutsche Bund für Vogelschutz (DBV) kürte ihn zum „Vogel des Jahres 1990". Aus gutem Grund, denn der farbenprächtige amselgroße Sänger ist beispielsweise in Baden-Württemberg als potentiell gefährdet eingestuft. Sein Nahrungs- und Lebensraum in Feldgehölzen, Auen, Parkanlagen und alten großen Obstgärten hat sich in den vergangenen Jahren deutlich verengt. Wie überall in der Bundesrepublik, so auch im Stadt- und Landkreis Karlsruhe.

„Der Pirol bevorzugt die Auwälder am Rhein, und die werden immer stärker dezimiert", erzählt Harald Dannenmayer, Vorstandsmitglied der DBV-Ortsgruppe Karlsruhe – Stadt und Land. Zu finden sei der Vogel mit dem gelbschillernden Gefieder und dem flötenden Ruf außerdem noch im Hardtwald und in den Schwarzwald-Ausläufern. Er nistet besonders gern in hohen Eichen- und Birkenkronen. Sein Nest baut er auf ganz spezielle Art. So wickelt er lange Halme, Grasbänder und Ranken um eine waagrechte Astgabelung. Das Hängenest ist tief und geräumig und hat einen kräftig gewölbten Rand.

Nach etwa 14tägiger Brutzeit, während der sich Männchen und Weibchen regelmäßig ablösen, schlüpfen die Jungen und krallen sich, da sie nicht sofort fliegen können, fest in die Wände des schaukelnden Nestes.

„Die Eltern füttern ihrer Brut Larven und Insekten", verrät Ornithologe Dannenmayer. Darüber hinaus stehen Früchte beim jungen wie alten Pirol hoch im Kurs. Gerade wegen seiner Leidenschaft für Früchte wird er auch Kirschvogel genannt. Und noch einen Namen haben die Menschen dem Pirol gegeben: Pfingstvogel. Denn der leuchtende Sänger gehört zu den Zugvögeln, die als letzte im Frühsommer nach Europa zurückkehren. Er überwintert zumeist in den östlichen Teilen Afrikas und macht sich erst, wenn die wärmere Jahreszeit begonnen hat, auf die Reise. „Der Pirol ist ein sehr ausdauernder Flieger, er kann lange Strecken zurücklegen", berichtet Dannenmayer. Schon Ende August verläßt er Nord- und Mitteleuropa wieder.

Auch aufmerksame Waldspaziergänger entdecken den scheuen Sommervogel nur selten, eher ist er mal zu hören. Besonders viel singt er an trüben und gewittrigen Tagen. Schätzzahlen gehen davon aus, daß in der Bundesrepublik zwischen 19 000 und 100 000 Pirolpaare leben. „Das sind recht vage Anhaltspunkte", meint Monika Braun, Diplombiologin bei den Landessammlungen für Naturkunde in Karlsruhe. Sicher sei, daß der Pirolbestand zum Beispiel am Bodensee und in Westfalen deutlich abgenommen habe. Im Auwald bei Philippsburg oder Dettenheim nisten pro zehn Hektar ein bis zwei Pirolpaare, in anderen Gebieten kommt der prachtvolle Vogel noch seltener vor. Wie er künftig überleben kann? Monika Braun und Harald Dannenmayer sind sich einig: Nur wenn die wertvollen Auwälder erhalten bleiben und der Einsatz von Umweltchemikalien reduziert wird.

Heidi Schulte-Walter

Badische Neueste Nachrichten

Das Planfeststellungsverfahren auf einen Blick

SO WERDEN STRASSEN GENEHMIGT

Einreichung des Planes. Die Straßenbaubehörde reicht die Planungsunterlagen bei der Anhörungsbehörde ein.

Prüfung bei der Behörde. Die Anhörungsbehörde prüft den Antrag. Sie muß dabei keine Fristen einhalten.

Behörden- und Verbandsbeteiligung. Die anerkannten Naturschutzverbände sowie die durch das Projekt betroffenen Behörden und Gemeinden erhalten die Planungsunterlagen und geben Stellungnahmen ab.

Bekanntmachung. Die Behörde macht den Antrag im Amtlichen Mitteilungsblatt und in der Tageszeitung bekannt.

Öffentliche Auslegung. Die Behörde legt den Antrag samt den Unterlagen einen Monat lang aus. Jedermann/-frau kann Einsicht nehmen.

Ende der Öffentlichkeitsbeteiligung. Gegen das Vorhaben gibt es keine Einsprüche. Das Verfahren wird ohne weitere Beteiligung der Öffentlichkeit beendet. Es ergeht ein Bescheid der Behörde.

Einwendung. Bürger fühlen sich von der Planung „betroffen". Sie legen während der „Einwendungsfrist" schriftlich Einspruch bei der Anhörungsbehörde ein. Sie werden damit zu „Einwendern". Die Einwendungsfrist läuft vom Beginn der öffentlichen Auslegung bis 14 Tage nach Ende der Auslegung, also insgesamt einen Monat plus zwei Wochen.

Erörterungstermin. Die Anhörungsbehörde erörtert das Vorhaben auf einer gemeinsamen Versammlung mit den Einwenderinnen und Einwendern, den betroffenen Behörden und Gemeinden sowie mit den Naturschutzverbänden.

Prüfung bei der Behörde. Die Anhörungsbehörde prüft das Vorhaben erneut und erarbeitet eine Stellungnahme.

Abgabe an die Planfeststellungsbehörde. Die Anhörungsbehörde übersendet die Stellungnahme mit allen Unterlagen an die Planfeststellungsbehörde.

Planfeststellungsbeschluß. Die Planfeststellungsbehörde gibt ihre Entscheidung bekannt; die positive Entscheidung erfolgt durch „Feststellen des Planes". In der Regel wird der Planfeststellungsbeschluß den Einwendern zugesandt.

Ende des Anhörungsverfahrens. Die Einwenderinnen und Einwender akzeptieren die Entscheidung der Behörde. Das Anhörungsverfahren ist damit beendet.

Einreichung der Klageschrift. Die Einwender finden sich mit dem Planfeststellungsbeschluß nicht ab. Sie haben einen Monat Zeit, um mit einer Klage beim Verwaltungsgericht dagegen vorzugehen.

Mündliche Verhandlung. Das Gericht erörtert das Vorhaben und die Bedenken der klagenden Bürgerinnen und Bürger in einer mündlichen Verhandlung.

Urteil. Das Gericht verkündet sein Urteil.

Ende des Klageverfahrens. Die Klägerinnen und Kläger akzeptieren das Urteil des Gerichts. Das Klageverfahren ist damit beendet.

Rechtsmittel gegen das Urteil. Die Klägerinnen und Kläger finden sich mit dem Urteil nicht ab. Sie können innerhalb eines Monats Rechtsmittel einlegen. Letzte Instanz ist das Bundesverwaltungsgericht.

natur 2/89

tungen, die nur noch in Ausnahmefällen Kontakte ablehnen oder Kooperation verweigern. Häufig dient eine Bürgerinitiative den Verwaltungen durch ihren Vor-Ort-Charakter als Frühwarnsystem für anstehende Probleme oder als Rückmeldeinstanz und Ideenträger im Hinblick auf eine alternative Erweiterung verwaltungsmäßiger Konzepte. Zugeständnisse erreichen natürlich vor allem Bürgerinitiativen, denen es gelingt, eine große Anzahl von Bürgern zu mobilisieren. Dazu werden Flugblattaktionen, Informationsstände und Unterschriftensammlungen veranstaltet und u. a. die durch die Verwaltungen angesetzten Anhörungen und Bürgerversammlungen besucht. Oft wird Einspruch erhoben oder ein Klageverfahren initiiert. Neben diesen Aktions- und Beteiligungsformen kennt die baden-württembergische Gemeindeordnung z. B. noch den Bürgerantrag, das Bürgerbegehren sowie den Bürgerentscheid. Diese drei Beteiligungsformen können durch eine bestimmte Anzahl von Unterschriften von Bürgern einer Gemeinde oder Stadt gefordert werden (siehe dazu § 20 b und 21 GemO S. 257–260. Landeszentrale für politische Bildung (Hrsg.): Taschenbuch Baden-Württemberg. Gesetze – Daten – Analysen, Stuttgart 1989).

Bürgerinitiativen beteiligen sich häufig an Planungsprozessen, deren Mitglieder erheben gegebenenfalls auch Einspruch bis hin zur Klage gegen geplante und ihrer Meinung nach umweltschädliche Bauvorhaben. Wie das Verfahren insgesamt aussehen kann, ist am Beispiel einer Straßenplanung dem Schaubild zu entnehmen.

Abschließend bleibt zu sagen, daß es ohne das Engagement jedes einzelnen und der Zusammenarbeit der verschiedenen Organisationen für unsere Umwelt keine Zukunft geben kann.

Checkliste für Einwender gegen Straßenprojekte

EINSPRÜCHE – RICHTIG FORMULIERT!

Damit Einsprüche nicht sofort abgeschmettert werden können, müssen sie bestimmte formale und inhaltliche Voraussetzungen erfüllen.

Formales

Gültig ist der Einspruch nur, wenn

- ○ Name und Adresse der Einwender leserlich sind
- ○ er unterschrieben ist und wenn
- ○ er innerhalb der Einwendungsfrist bei der Behörde angekommen ist

Betroffenheit

Wer mit Erfolg Einspruch erheben will, muß von der geplanten Straße „betroffen" sein:

- ○ Gesundheit (allgemein; spezielle Probleme)
- ○ Eigentum (zum Beispiel an Garten, Haus, Landwirtschaft, Gewerbebetrieb)

Gefährdung und Belästigung durch die Straßenplanung

- ○ Gesundheitsgefahren durch den Verkehrslärm
- ○ zusätzliche Luftbelastung
- ○ Ist eine sorgfältige Umweltverträglichkeitsprüfung durchgeführt worden?
- ○ Beeinträchtigungen des Naturhaushaltes (zum Beispiel durch Brücken und Einschnitte, durch Deponien für den Erdaushub; Grundwasserabsenkung; Wild- und Amphibienschutz)
- ○ Schutz für Fußgänger und Fahrradfahrer
- ○ Entwässerung der Straße
- ○ Beeinträchtigung eines landwirtschaftlichen Betriebes

Außerdem können Einwender auf folgende Punkte eingehen:

Notwendigkeit der Straße

- ○ Wie hoch ist das zukünftige Verkehrsaufkommen?
- ○ Besteht wirklich Bedarf für eine Straße dieser Größenordnung?
- ○ Andere Möglichkeiten zur Bewältigung des Verkehrsaufkommens?
- ○ Ist eine „schonendere" Trassenführung möglich?

Verfahrensfehler

- ○ Sind die Verfahrensregeln eingehalten worden?
- ○ Sind die bau- und planungsrechtlichen Vorgaben eingehalten worden?
- ○ Waren die ausgelegten Unterlagen vollständig und aussagekräftig?

Einwenderinnen und Einwender können anhand dieser Checkliste für „ihr" konkretes Verfahren prüfen, ob sich ein Einspruch lohnt (möglicherweise gibt es auch weitere Punkte). Falls ja, müssen diese Punkte auf die konkrete Anlage und den Sachverhalt hin formuliert werden.

natur 2/89

Teichrohrsänger Vogel des Jahres 1989

Der Teichrohrsänger ist zum Vogel des Jahres 1989 auserkoren worden. Mit der Wahl dieses Tieres wollte der Bund für Vogelschutz in Bonn auf die Bedrohung der Gewässer aufmerksam machen, heißt es in einer Mitteilung. Der knapp 13 Zentimeter große und nur zwölf Gramm schwere Singvogel lebe in Röhricht und Schilf an den Ufern von Flüssen, Bächen und Seen. Wegen der Gefährdung dieses Lebensraumes sei der Rohrsänger in einigen Bundesländern bereits in die „Rote Liste" der vom Aussterben bedrohten Arten aufgenommen worden.

Die moderne Freizeitgesellschaft habe dem Rohrsänger und den Lebensgemeinschaften an Gewässerufern den Kampf angesagt. „Angefangen beim Angeln über Baden, Camping, Motorbootsport bis hin zu Surfen und Wasserski gibt es für fast jeden Buchstaben des Alphabets eine Freizeitaktivität, die von Ufern aus betrieben wird oder diese in Mitleidenschaft zieht", erläuterte der Bund für Vogelschutz seine Entscheidung. *(AP)*

Südwest-Presse

Arbeitsprogramm

A

Öko-Fall

Ein 60 Watt Glühbirne (Nr. 1) hat eine durchschnittliche Lebensdauer von 1000 Stunden und kostet 2,80 DM. Eine andere Glühbirne (Nr. 2) kostet 5,60 DM und hält durchschnittlich 2000 Stunden. Das Preis-Leistungs-Verhältnis scheint gleich zu sein und dennoch ist die zweite Glühbirne – nicht nur unter Umweltgesichtspunkten – preiswerter. Warum?

Weil: ______________________________

____

____

____

____

B

Öko-Quiz

In die untenstehende Tabelle sollen Sie in die erste Spalte die durchschnittliche Benutzungszeit von Produkten (in den USA – bei uns sind die Werte trendmäßig ähnlich) und in die zweite Spalte die technisch mögliche Lebensdauer dieser Produkte eintragen.
Was schätzen Sie?

	Wie lange wird durchschnittlich folgendes Produkt benutzt (in Jahren)?	Wie lange könnte die technisch mögliche Lebensdauer sein (in Jahren)?
Fahrräder		
Autos		
Landwirtschaftsgeräte		
Eisenbahnen		
Schiffe		

C

Hitliste

Sie finden unten einige Geräte, die in der Regel in einem Haushalt vorhanden sind. Versuchen Sie, die einzelnen Geräte den jährlichen Verbrauchswerten (in Kilowattstunden – kWh) zuzuordnen. Bei den Angaben ist man von einem Vier-Personen-Haushalt ausgegangen.

Elektrogeräte: Haartrockner (4mal/Woche); Kühlschrank; Gefriertruhe; Waschmaschine; Elektroherd; Elektrorasierer (5 Minuten/Tag); Beleuchtung; Geschirrspülmaschine; Handrührgerät (10 Minuten/Tag); Fernsehgerät; Kaffeeautomat (8 Tassen/Tag); Wäschetrockner.

Jahresverbrauch in kWh (etwa)	Welches Gerät?
0,36	
11	
27	
61	
180	
190	
200	
400	
400	
600	
400– 800	
250–1000	
250–1000	

D

Bildlexikon

Bei chemikalienhaltigen Mitteln müssen die Inhaltsstoffe nicht angegeben werden. Allerdings muß ihre umweltgefährdende Eigenschaft durch ein Symbol angegeben werden.
Welches Symbol hat welche Bedeutung? Tragen Sie die Nummer des Symbols hinter die entsprechende Bezeichnung ein.

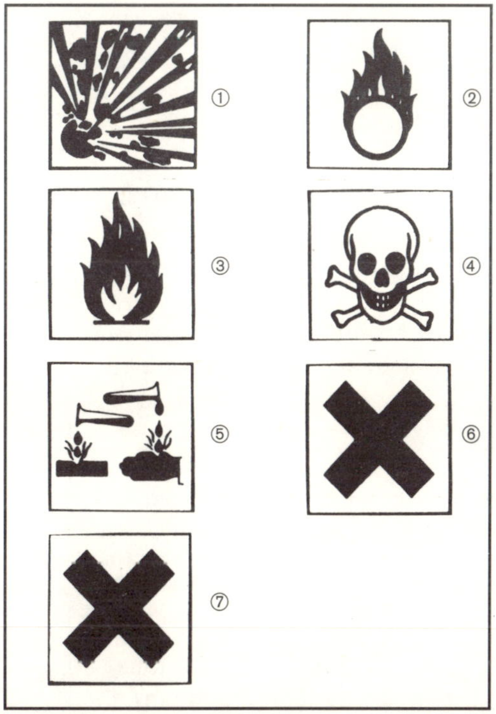

	Nr.
Mindergiftig	
Ätzend	
Leicht entzündlich	
Explosionsgefährlich	
Brandfördernd	
Giftig	
Reizend	

E

Ökopolis

Sie sehen hier ein zwar nicht typisches, aber auch nicht seltenes Bild einer Stadtlandschaft.

Stellen Sie sich vor, Sie könnten als kommunalpolitisch engagierter Bürger oder Politiker ein Konzept zur menschen- und umweltfreundlichen Gestaltung entwerfen. Was schlagen Sie vor?

Man sollte: ____________________________

____

____

____

____

F

Entscheidung

Für eine ökologische Gesellschaft muß einiges getan werden. Es werden immer wieder Forderungen erhoben, damit wir als Verbraucher unsere Entscheidung, ein Produkt zu kaufen oder nicht, von umweltfreundlichen Kriterien abhängig machen können. Einige dieser Forderungen sind auf der nächsten Seite aufgelistet. Was halten Sie davon?

	Stimme zu	Stimme nicht zu
1. *Kennzeichnungspflicht:* Auf Produkten muß angegeben werden, wie umweltfreundlich bzw. -schädlich sie sind.		
2. *Vergleichende Zusammenstellung:* Es müssen vergleichende Listen über Gebrauchstauglichkeit, Langlebigkeit, Umweltfreundlichkeit usw. erstellt werden (Öko-Test).		
3. *Werbungsverbot:* Für umwelt- und gesundheitsschädliche Produkte darf nicht mehr geworben werden.		
4. *Umweltbericht:* Regelmäßig muß über Presse und Rundfunk über den aktuellen Umweltzustand berichtet werden.		
5. *Verbandsklage:* Umweltverbände dürfen stellvertretend für die Allgemeinheit gegen Projekte klagen, selbst wenn sie nicht als Person unmittelbar davon betroffen sind.		
6. *Umweltverträglichkeitsprüfung:* Bei allen größeren oder brisanten Projekten muß eine Umweltverträglichkeitsprüfung durchgeführt werden. Umweltverbände sind zu hören.		
7. *Umweltabgabe:* Alle umweltschädlichen Emissionen und Produkte müssen mit einer Umweltabgabe belastet werden, die zur Förderung umweltfreundlicher Herstellungsverfahren und Produkte eingesetzt wird.		
8. *Minderverbrauchsrabatte:* Wasser-, Strom- und Gastarife müssen so gestaltet werden, daß sie zu möglichst geringem Verbrauch anregen (keine Mengenrabatte wie bisher).		
9. *Minderbesteuerung:* Umweltfreundliche Verhaltensweisen (Fahrrad fahren, Energieschutz-, Wassersparmaßnahmen) müssen generell steuerlich belohnt werden.		
10. *Umweltsubventionen:* Die Entwicklung umweltfreundlicher Technologien und Produkte muß gezielter gefördert werden.		

KURSPROGRAMM

A

PAPIERCOMPUTER

Eine Übung allein oder in Gruppen zum vernetzten Denken.

Umwelt ist ein komplexes System, d. h. sie besteht aus vielen Elementen und Faktoren, die alle miteinander in Beziehung stehen und sich in unterschiedlicher Weise beeinflussen.

„Welche Faktoren und Elemente sind verantwortlich für...

(die Umweltverschmutzung allgemein, das Waldsterben, den zunehmenden Artentod, die Unwirtlichkeit der Städte...).

- ► Entscheiden Sie sich für eine bestimmte Fragestellung.
- ► Sammeln Sie die Faktoren, und wählen Sie, wenn es zu viele sind, gegebenenfalls die wichtigsten aus.
- ► Tragen Sie diese Elemente in den Papiercomputer ein.
- ► Bewerten Sie die Beziehungen.
- ► Berechnen Sie die Gewichtung der einzelnen Elemente.
- ► Diskutieren Sie über das Ergebnis.

(Wie man mit dem Papiercomputer umgeht, wird mit Hilfe eines Beispieles auf den nächsten Seiten erklärt).

Wirkung von ↓ auf →	A	B	C	D	E	F	G	H	I	J	K	L	M	N	0	P	AS	Q
A	●																A	
B		●															B	
C			●														C	
D				●													D	
E					●												E	
F						●											F	
G							●										G	
H								●									H	
I									●								I	
J										●							J	
K											●						K	
L												●					L	
M													●				M	
N														●			N	
O															●		O	
P																●	P	
	A	B	C	D	E	F	G	H	I	J	K	L	M	N	O	P	AS	Q
PS																	PS	
P																	P	

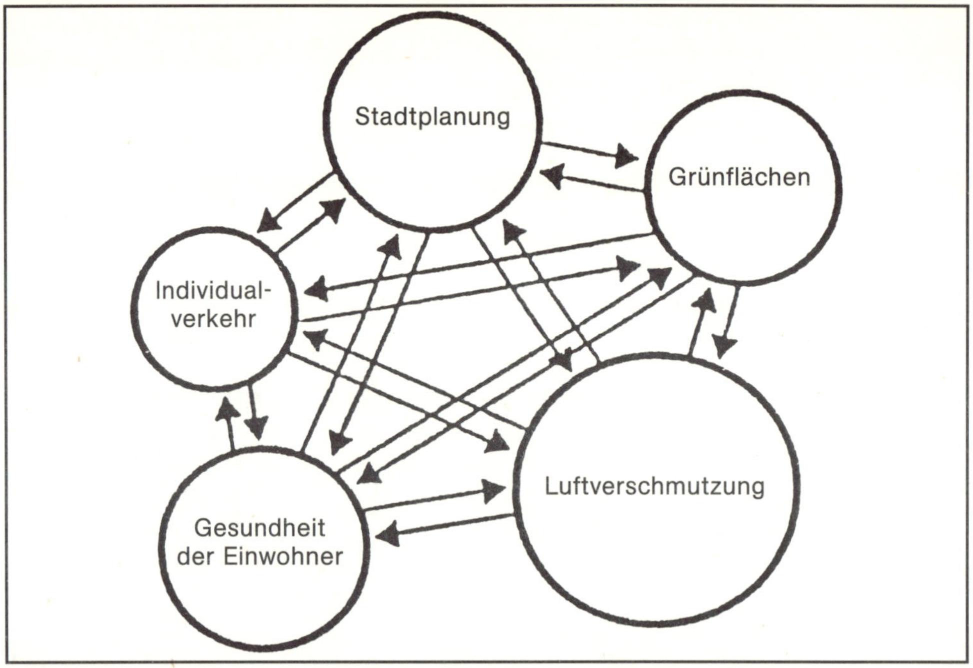

Wechselwirkungen einiger Elemente unserer Umwelt.

Ein Beispiel zur Erklärung:

Das abgebildete Schema zeigt die Wechselbeziehungen von Stadtplanung, Grünflächen, Luftverschmutzung, Gesundheit der Einwohner und Individualverkehr. Jedes dieser Elemente wird von anderen beeinflußt und beeinflußt die anderen. Diese Wechselbeziehungen sind durch Pfeile dargestellt. Diese Pfeile sagen aber nichts über die Stärke der gegenseitigen Beeinflussung aus. Um die Intensität der Beeinflussung zu erfahren müssen folgende Fragen geklärt werden:

- ▶ Welches Element beeinflußt alle anderen am stärksten, wird aber von ihnen am schwächsten beeinflußt (aktives Element)?
- ▶ Welches Element beeinflußt die übrigen am schwächsten, wird aber selbst am stärksten beeinflußt (reaktives Element)?
- ▶ Welches Element beeinflußt die übrigen am stärksten und wird gleichzeitig auch von ihnen am stärksten beeinflußt (kritisches Element)?
- ▶ Welches Element beeinflußt die übrigen am schwächsten und wird von ihnen am schwächsten beeinflußt (ruhendes oder pufferndes Element)?

Um diese Fragen zu beantworten, genügt ein Papiercomputer, wie er in der Abbildung dargestellt ist:

Wirkung von ↓ auf →		A	B	C	D	E	F	AS	Q
Stadtplanung	A	●	3	2	2	2	1	A 10	1,25
Grünflächen	B	0	●	2	2	1	1	B 6	1,2
Luftverschmutzung	C	2	1	●	3	0	2	C 8	1,14
Gesundheit	D	2	0	0	●	1	1	D 4	0,4
Individualverkehr	E	2	1	3	2	●	1	E 9	1,28
öffentl. Meinung	F	2	0	0	1	3	●	F 6	1,0
		A	B	C	D	E	F	AS	Q
	PS	8	5	7	10	7	6	PS	
	P	80	30	56	40	63	36	P	

0 = keine Einwirkung
1 = schwache Einwirkung
2 = mittlere Einwirkung
3 = starke Einwirkung

Anwendungsbeispiel des Papiercomputers

Die Elemente sind von oben nach unten (Einwirkung von A, B,...) und von links nach rechts (...hat Wirkung auf A, B...) angeordnet. Da die Elemente sich selbst nicht beeinflussen können, sind alle Kästchen, in denen sie auf sich selbst treffen können, schwarz markiert. Jetzt kann man die Wechselwirkung bewerten, indem man in die Kästen die Zahlen von 0 bis 3 einträgt. (A = Stadtplanung hat Wirkung auf B = Grünflächen und C = Luftverschmutzung usw; B = Grünflächen haben Wirkung auf A = Stadtplanung und C = Luftverschmutzung usw.)
Jetzt ergeben folgende einfache Rechnungen schon Antworten auf die obenstehenden Fragen:

- ▶ alle in einer Zeile (von links nach rechts) addierten Zahlen ergeben für das entsprechende Element die sogenannte Aktivsumme (AS);
- ▶ alle in einer Spalte (von oben nach unten) addierten Zahlen ergeben die sogenannte Passivsumme (PS) des Elements. Das Element, das die anderen am stärksten beeinflußt, hat die höchste Aktivsumme; dasjenige, das die höchste Passivsumme hat, wird selbst am meisten beeinflußt.

Um die obigen Fragen noch genauer zu beantworten:

- ▶ muß noch die Aktivsumme eines Elements durch seine Passivsumme geteilt werden (AS : PS = Quotient Q). Das Element mit der höchsten Q-Zahl ist das aktive Element, das Element mit der niedrigsten Q-Zahl ist das reaktive Element.
- ▶ muß ebenfalls die Aktivsumme eines Elementes mit seiner Passivsumme mulitpliziert werden (AS x PS = Produkt P). Das Element mit der höchsten P-Zahl ist dann das kritische Element und das mit der niedrigsten P-Zahl ist das puffernde Element.

In dem oben aufgeführten Beispiel ergibt sich als aktives Element (höchste Q-Zahl) der Individualverkehr, als passives Element (niedrigste Q-Zahl) die Gesundheit der Bürger, als kritisches Element (höchste P-Zahl) die Stadtplanung und als pufferndes Element (niedrigste P-Zahl) die Grünflächen.
Dieses Ergebnis war – in diesem Fall – fast vorauszusehen.
Noch interessanter wird es aber, wenn andere und mehr Elemente in ihrer Wechselbeziehung aufeinander betrachtet werden.
Diesen Papiercomputer kann man noch weiter nutzen: Man kann z. B. auch umgekehrt fragen, wie denn die Beziehungen zwischen den Elementen sein müßten, damit z. B. sich der Gesundheitszustand vom reaktiven zum kritischen Element entwickelt. Vielleicht fehlen diesem Modell oder der Realität wichtige Elemente, die der Gesundheit diesen Einfluß verschaffen (das könnte z. B. eine Bürgerinitiative oder verstärkte Medienarbeit sein...). (Nach F. Vester; Hinweis für Referenten: wenn nicht mehr als 1–1,5 Stunden zur Verfügung stehen, den Computer auf 5–7 Elemente beschränken.)

B

Logical

In der Gemeinde Grünstadt gibt es eine kleine Siedlung, deren Bewohner sich politisch sehr stark für den Umweltschutz engagieren. Die Siedlung besteht aus fünf Häusern, die – Grundstück an Grundstück – längs einer Zufahrtsstraße liegen. Jeder der fünf Hausbewohner hat fünf Merkmale:

1. Er hat einen Namen.
2. Er setzt sich auf eine bestimmte Art in seiner Gemeinde für den Umweltschutz ein.
3. Sein Haus hat eine bestimmte Farbe.
4. Er nimmt eine politische Mitwirkungsmöglichkeit für Bürger wahr.
5. Jeder benutzt ein bestimmtes politisches Handlungsmittel.

wer? wie? was? wo?

a) Der Mann, der den **Bürgerentscheid** will, wohnt im **roten** Haus in der Mitte.
b) Der **Wähler** heißt Herr **Bauer** und wohnt im letzten Haus.
c) Der Herr im **grünen** Haus sucht das **Gespräch**.
d) Mit **Unterschriftenlisten** arbeitet der Mann, der ein **Bürgerbegehren** fordert.
e) Gleich links neben dem **weißen** steht das **grüne** Haus.
f) Der Mann, **der auf eine $2/3$ Mehrheit im Gemeinderat hofft**, heißt **Schulze**.
g) Der, **der regelmäßig in seiner Gruppe mitarbeitet**, wohnt im **gelben** Haus.
h) Im Haus in der Mitte geht man zur **Gemeinderatssitzung**.
i) Der von der **Bürgerinitiative** wohnt übrigens im ersten Haus.
k) Der, **der vom Gemeinderat die Abstimmung fordert**, ist der Nachbar von Herrn **Müller**, denn sein Haus liegt rechts neben dem von H. Müller, der im ersten Haus wohnt.
l) Der, **der regelmäßig in seiner Gruppe mitarbeitet**, wohnt links neben Herrn **Meier**.
m) Der, **der regelmäßig zur Wahl geht**, benutzt den **Stimmzettel**.
n) Der, **der regelmäßig zur Versammlung geht**, hält etwas von der BÜ **Bürgerversammlung**.
o) Der von der **Bürgerinitative** wohnt links neben dem **blauen** Haus.

Bleibt noch zu fragen:
- Wer verteilt Flugblätter?
- Wo wohnt Herr Kraus?

	1	2	3	4	5
1. Name					
2. Wie er sich einsetzt					
3. Hausfarbe					
4. Mitwirkungsmöglichkeit					
5. Handlungsmittel					

Verändert nach: *P wie Politik*, RS 7, Paderborn.

C

Hitliste Prioritätenspiel

Aufgabe für Kleingruppen von 4–6 Teilnehmern:

1. die Hälfte der unten genannten 24 Möglichkeiten ersatzlos streichen;
2. die verbleibenden 12 Möglichkeiten in eine Rangfolge entsprechend der Wichtigkeit bringen (»Hitliste«).

Sie sollen sich dabei in der Kleingruppe auf ein Ergebnis einigen, die Rangfolge notieren und die Begründung hinterher im Plenum mit den anderen diskutieren.

„Was können wir für den Umweltschutz tun?"

Öffentliche Verkehrmittel benutzen
Lebensmittel selber produzieren
In eine politische Partei eintreten
Häufiger Wachskerzen statt Glühbirnen verwenden
Natürlich gedüngte Lebensmittel kaufen
Umweltverschmutzer bei der Polizei anzeigen
Bei Krankheiten auch einmal auf alte Hausmittel zurückgreifen
Besondere Reinigungs- und Waschmittel verwenden
Kein Fleisch essen
In einer Bürgerinitiative mitmachen
Papier, Glas, Kleider, alte Medizin, alte Batterien u. ä. sammeln
Fahrgemeinschaften bilden
Weniger elektrische Geräte im Haushalt einsetzen
Langlebige Güter kaufen
Häufiger Fahrrad und Schuhwerk benutzen
Leuchtreklame abschaffen
Meine Bekannte auf umweltfreundliches/-feindliches Verhalten hinweisen
Auf das Auto ganz verzichten
Energieverbrauchswerte von Geräten überprüfen
Mit Holz und Kohle heizen
Getränke nur in Pfandflaschen kaufen
Auf die Verpackung von Gütern und Lebensmittel achten
Keine Kleidung aus Kunstfasern tragen
Auf Sprühdosen verzichten

D

Ökopole 2000

Rollen- und Entscheidungsspiel

Position A:

Man kann die Menschen kaum mit Appellen oder Gesetzen zu umweltfreundlichem Verhalten bewegen; effektiver ist es, sie beim Geldbeutel zu packen. Deshalb sollte eine Umweltsteuer eingeführt werden: umweltschädliche Produkte und Herstellungsweisen werden steuerlich so belastet, daß umweltschädliches Verhalten sehr teuer wird. Mit den steuerlichen Mehreinnahmen kann man dann auch »Umweltreparaturen« durchführen, die dann nicht mehr von der Allgemeinheit, sondern von den Umweltsündern bezahlt werden.

Position C:

Umweltverschmutzung bzw. Umweltveränderung gab es in der Geschichte der Menschheit schon immer – und nicht nur von Menschen ausgelöst (z. B. Vulkanausbrüche). Und trotzdem ist es immer weitergegangen. Die ganze Ökologiediskussion ist fortschrittsfeindlich, weil sie immer nur auf Verhinderung und Vermeidung zielt; besser ist, den Fortschritt zur Bewältigung von Zukunftsaufgaben – auch ökologischen – zu nutzen.

Das Jahr 2000 ist schon fast vorbei und die ökologischen Fragen sind immer noch nicht gelöst. Wasserverknappung, Müllnotstand, Waldsterben, Luft- und Wasserverschmutzung, Landschaftsverbrauch und Bodenverschlechterung gibt es nach wie vor. Auch die Zunahme von umweltabhängigen Krankheiten (Krebs, Allergien) ist zu beklagen. Was tun?

Position B:

Es muß nicht nur genauer gesetzlich geregelt werden, was als umweltschädlich gelten soll, sondern die Gesetze sollten in bezug auf Umweltverschmutzung schärfer werden. Bei allen Produkten und Produktionsverfahren muß die Umweltverträglichkeit geprüft werden und im Zweifelsfall für die Ökologie und gegen die Ökonomie entschieden werden. Außerdem sollte es eine Umweltpolizei geben, die Umweltverstößen nachspürt; Umweltverstöße sollten dann auch härter bestraft werden.

Position D:

Regelungen und Verordnungen, seien sie steuerlicher oder rechtlicher Art, nützen gar nichts. Sie muß man kontrollieren und wenn die Kontrolle beendet ist, verhalten sich die Menschen genauso umweltschädlich wie bisher. Deshalb muß man am Bewußtsein der Menschen ansetzen und durch Bildungsmaßnahmen ökologische Sensibilität und umweltgerechtes Verhalten erzeugen; z. B. indem Ökologie Schulfach wird oder durch einen »Umweltführerschein« für Bürger.

LERNKONTROLLE

1

Was bezeichnet man als nicht erneuerbare Energiequellen?

☐ a) Öl
☐ b) Kohle
☐ c) Wasser
☐ d) Wind
☐ e) Gas

2

Welche der folgenden Stoffe haben sich als gefährlich für Tiere und Menschen erwiesen, weil sie in großem Ausmaß in die natürlichen Kreisläufe eingeschleust wurden?

☐ a) Vitamine
☐ b) DDT
☐ c) Schwermetalle
☐ d) Wasserstoffe
☐ e) ätherische Öle

3

Der Bundesbürger verbraucht durchschnittlich 150 Liter Trinkwasser am Tag. Wieviel Prozent konsumiert er davon?

☐ a) Nichts
☐ b) 2 %
☐ c) 10 %
☐ d) 30 %
☐ e) 50 % oder mehr

4

Im Haushalt fallen unterschiedliche Arten von Abfall an. Was gehört zum Sondermüll?

☐ a) Kaffeesatz
☐ b) Batterien
☐ c) Arzneimittel
☐ d) Papier
☐ e) Frittieröl

5

Wann bezeichnet man ein Produkt als umweltfreundlich? Wenn es sich auszeichnet durch:

☐ a) keine unnötige Verpackung
☐ b) leichte Reparierbarkeit
☐ c) niedrigen Preis
☐ d) lange Lebensdauer
☐ e) keine giftigen Materialien

6

Für Verpackungen zahlt der Kunde dreimal. Wieso?

☐ a) für die Müllgebühren
☐ b) für die Verpackung selbst
☐ c) für die Verpackungssteuer
☐ d) für den Landschaftsverbrauch, der durch die großen Lagerhäuser entsteht
☐ e) für die Umweltprobleme, die bei der Müllbeseitigung entstehen

7

Woran erkennt man umweltfreundliche Prokukte? Kreuzen Sie das richtige Zeichen an.

☐ a)

☐ b)

☐ c)

☐ d)

8

Wie kann der einzelne Bürger die Umweltbelastung durch den KFZ-Verkehr verringern?

☐ a) öffentliche Verkehrmittel benutzen
☐ b) Fahrrad fahren
☐ c) nur ein schadstoffarmes Auto fahren, das die US-Norm erfüllt
☐ d) so wenig wie möglich fahren
☐ e) langsam fahren

9

Wie hieß der Vogel des Jahres 1989?

☐ a) Weißstorch
☐ b) Pirol
☐ c) Teichrohrsänger
☐ d) Rotkehlchen
☐ e) Roter Milan

10

Welche direkte Beteiligungsformen für Bürger sieht die baden-württembergische Gemeindeordnung vor?

☐ a) Bürgersprechstunde
☐ b) Bürgerantrag
☐ c) Bürgerbegehren
☐ d) Bürgerradio
☐ e) Bürgerentscheid

(Lösungen im Anhang)

Adressenliste (Auswahl)

Umweltverbände

Bund für Umwelt und Naturschutz
Deutschland (BUND)
Im Rheingarten 7

5300 Bonn 3
Telefon: (02 28) 46 20 84

Bund für Umwelt und Naturschutz
Deutschland (BUND)
Landesverband Ba.-Wü. e.V.
Erbprinzenstraße 18

7800 Freiburg i. Br.
Telefon: (07 61) 35-2 54/1 58

Deutsche Umwelthilfe e.V.
Güttinger Straße 19

7760 Radolfzell
Telefon: (0 77 32) 30 28

Deutscher Bund für Vogelschutz (DBV)
Bundesgeschäftsstelle
Am Hofgarten 4

5300 Bonn 1
Telefon: (02 28) 21 14 11

Deutscher Bund für Vogelschutz (DBV)
LV Baden-Württemberg
Heusteigstraße 94

7000 Stuttgart 1
Telefon: (07 11) 6 40 91 61

Deutscher Naturschutzring
Bundesverband für Umweltschutz e.V.
Kalkuhlstraße 24

5300 Bonn 3
Telefon: (02 28) 44 15 05

Greenpeace e.V.
Postfach

2000 Hamburg 11
Telefon: (0 40) 36 12 08-0

Landesfischereiverband
Baden-Württemberg e.V.
Hohenstaufenstraße 10

7000 Stuttgart 1

Landesjagdverband
Baden-Württemberg e.V.
Kernerstraße 9

7000 Stuttgart 1

Landesnaturschutzverband
Aktionsgemeinschaft
Natur- und Umweltschutz
Baden-Württemberg e.V.
Olgastraße 19

7000 Stuttgart 1

Robin Wood e.V.
Geschäftsstelle
Lahnstraße 65
Postfach 10 21 22

2800 Bremen
Telefon: (04 21) 50 04 05

Schutzgemeinschaft Deutscher Wald
Landesverband Baden-Württemberg e.V.
Kernerplatz 10

7000 Stuttgart 1

Stiftung Europäisches Naturerbe
Güttinger Straße 19

7760 Radolfzell
Telefon: (0 77 32) 25 16

World Wildlife Fund Deutschland (WWF)
Sophienstraße 44
Postfach 90 09 49

6000 Frankfurt 90
Telefon: (0 69) 79 40 00-0

Fortbildungseinrichtungen

Akademie für Natur- und Umweltschutz
beim Ministerium für Umwelt
Baden-Württemberg
Kernerplatz 9

7000 Stuttart 1
Telefon: (07 11) 1 26-20 33

Akademie für Naturschutz
und Landschaftspflege Bayern
Seethaler Straße 6

8229 Laufen
Telefon: (0 86 82) 70 97

Bundeszentrale
für politische Bildung
Berliner Freiheit 7

5300 Bonn 1
Telefon: (02 28) 5 15-1

Landeszentrale für politische Bildung
Baden-Württemberg
Stafflenbergstraße 38

7000 Stuttgart 1
Telefon: (07 11) 21 53-3 85 oder 3 86

Naturschutzzentrum Hessen
Friedenstraße 38

6330 Wetzlar 1
Telefon: (0 64 41) 2 40 25

Naturschutzzentrum Nordrhein-Westfalen
Leibnitzstraße 10

4350 Recklinghausen
Telefon: (0 23 61) 30 51

Norddeutsche Naturschutzakademie
Hof Möhr

3043 Schneverdingen
Telefon: (0 51 99) 3 18

Naturschutzakademie
Insel Vilm
O-2331 Lauterbach Rupen

Untersuchungseinrichtungen (Beispiele)

Chemische Landesuntersuchungsanstalt
Stuttgart
Breitscheidstraße 4
Postfach 12 19

7000 Stuttgart 1
Telefon: (07 11) 20 50-47 11

Landesanstalt für Pflanzenschutz
Reinsburgstraße 107

7000 Stuttgart 1
Telefon: (07 11) 6 47-25 73

Chemische Landesuntersuchungsanstalt
Sigmaringen
Hedingerstraße 2/1
Postfach 4 09

7480 Sigmaringen

Chemische Landesuntersuchungsanstalt
Karlsruhe
Hoffstraße 3

7500 Karlsruhe

Chemische Landesuntersuchungsanstalt
Offenburg
Gerberstraße 24

7600 Offenburg

Landesanstalt für Pflanzenbau Forchheim
Kutschenweg 20

7512 Rheinstetten 4
Telefon: (07 21) 5 11 91

Landesanstalt für Umweltschutz
Baden-Württemberg
Griesbachstraße 3
Postfach 21 07 52

7500 Karlsruhe 21
Telefon: (07 21) 84 06-1

Staatliche Landwirtschaftliche Untersuchungs-
und Forschungsanstalt Augustenberg
Neßlerstraße 23
Postfach 43 02 30

7500 Karlsruhe 41
Telefon: (07 21) 48 02-0

LITERATUR (Auswahl)

zum Thema Ökologie

Bargatzky, Thomas: *Einführung in die Kulturökologie. Umwelt, Kultur und Gesellschaft.* Berlin 1986.

Bundeszentrale für politische Bildung (Hrsg.): *Prinzip Fortschritt? Natur und Gesellschaft zwischen Legitimation und Verantwortung.* Bonn 1989.

Campbell, Bernard: *Ökologie des Menschen. Unsere Stellung in der Natur von der Vorzeit bis heute.* Frankfurt/M. 1987.

von Cube; Storch, Volker (Hrsg.): *Umweltpädagogik. Ansätze, Analyse, Ausblicke.* Heidelberg 1988.

Deckert, Gisela: *Tiere, Pflanzen, Landschaften. Vom Gleichgewicht in der Natur.* Leipzig, Jena und Berlin 1988.

Greeb, Karlheinz: *Ökologie und menschliche Umwelt. Geschichte, Bedeutung, Zukunftsaspekte.* Stuttgart und New York 1979.

Heinrich, Dieter; Hergt, Manfred: *dtv-Atlas zur Ökologie. Tafeln und Texte.* München 1990.

Kinzelbach, Ragnar K.: *Ökologie – Naturschutz – Umweltschutz.* Darmstadt 1989.

Klötzli, Frank: *Unsere Umwelt und wir. Eine Einführung in die Ökologie.* Bern und Stuttgart 1980

Kloft, Werner: *Ökologie der Tiere.* Stuttgart [2]1988.

Knodel, Hans; Kull, Ulrich: *Ökologie und Umweltschutz.* Sekundarstufe 2. Stuttgart 1974.

Larcher, Walter: *Ökologie der Pflanzen auf physiologischer Grundlage.* Stuttgart [4]1984.

Neubert, Susanne; Blumberg, Michael; Pauly, Udo; Gesamthochschule Kassel (Hrsg.): *Kommunikation im Ökosystem.* Witzenhausen 1989.

Odum, Eugene-P.: *Grundlagen der Ökologie.* Bd. 2: *Standorte und Anwendung.* Stuttgart und New York [2]1983.

Odum, Eugene-P.: *Grundlagen der Ökologie.* Bd. 1: *Grundlagen.* Stuttgart und New York [2]1983.

Osche, Günther: *Ökologie. Grundlagen – Erkenntnisse – Entwicklungen der Umweltforschung.* Freiburg, Basel und Wien [2]1974.

Reichholf, Josef: *Leben und Überleben. Ökologische Zusammenhänge.* München 1988.

Sprout, H.; Sprout M.: *Ökologie Mensch – Umwelt. Ökologische Betrachtungsweisen/ Umweltabhängigkeit und Umweltanpassung/ Verhaltensmodelle/Blick in die Zukunft.* München 1971.

Streit, Bruno: *Ökologie. Ein Kurzlehrbuch.* Stuttgart und New York [4]1989.

Tischler, Wolfgang: *Biologie der Kulturlandschaft. Eine Einführung.* Stuttgart und New York 1980.

Walletschek; Hartwig, Graw, Jochen: *Öko-Lexikon. Stichworte und Zusammenhänge.* München 1988.

von Weizsäcker, Ernst U.: *Erdpolitik. Ökologische Realpolitik an der Schwelle zum Jahrhundert der Umwelt.* Darmstadt 1989.

Wenk, Klaus: *Leben in Ökosystemen.* Braunschweig 1978.

zum Thema Umweltschutz in Politik und Gesellschaft

Aurand, Karl: *Organische Verunreinigungen in der Umwelt. Erkennen, Bewerten, Vermindern.* Berlin 1978.

Beck, P.; Goettling, D.: „Umwelteinflüsse der Energieerzeugung." In: *Beiträge zur Umweltgestaltung.* Heft 2. Bielefeld 1980.

Becker, Karlheinz: *Luftqualitätskriterien für photochemische Oxidantien.* Berichte 5/83 des Umweltbundesamtes. Berlin 1983.

Heinz, Josefine et al.: *Ermittlung, Bewertung und Beurteilung der Immissionen und Emissionen umwelt-gefährdender Schwermetalle und weiterer persistenter Stoffe. Grundsatzstudie im Auftrag des Bundesministers des Innern und des Umweltbundesamtes.* Düsseldorf 1984.

Hutter, C.-P.; Thielcke, G.; Herrn, C.-P.; Faust, B.: *Naturschutz in der Gemeinde,* Stuttgart 1988.

Jansen, Walter; Block, Anke; Knaack, Jürgen: *Saurer Regen. Ursachen, Analytik, Beurteilung.* Oldenburg 1987.

Jörg, Fritz: „Materialschäden durch Luftverunreinigungen." In: *Handbuch des Umweltschutzes.* Bobingen 1987.

Jungermann, Helmut: *Die Analyse der Sozialverträglichkeit für Technologiepolitik. Perspektiven und Interpretationen.* München 1986.

Merian, Ernest: *Metalle in der Umwelt. Verteilung, Analytik und biologische Relevanz.* Weinheim 1984.

Schlipköter et al.: Teil 1: *Pseudokrupp;* Teil 2: *Dioxine – Furane. VDI-Kommission Reinhaltung der Luft.* Bd. 2, Schriftenreihe 1986.

Schneider, H. W.: *Dioxine. Vorkommen, Bestimmung, Bewertung, Entsorgung. VDI-Kommission Reinhaltung der Luft.* Bd. 3, Schriftenreihe 1987.

Schönwiese, C.-D.: *Der Treibhauseffekt. Der Mensch ändert das Klima.* Stuttgart ^{2}1988.

Spillmann, Peter: *Wasser- und Stoffhaushalt von Abfalldeponien und deren Wirkungen auf Gewässer. Ergebnisse eines 5jährigen interdisziplinären Forschungsprogramms.* Weinheim 1986.

Velvart, Josef: *Toxikologie der Haushaltsprodukte.* Bern 1981.

Welte, Erwin: „Über den Nährstoffeintrag in Grundwasser und Oberflächengewässer aus Boden und Düngung." In: *Verband Deutscher Landwirtschaftlicher Untersuchungs- und Forschungsanstalten.* Schriftenreihe 1980.

Wieting, Joachim et al.: *Gewässerversauerung in der Bundesrepublik Deutschland. Ergebnisse und Wertung eines Statusseminars des Umweltbundesamtes in Zusammenarbeit mit dem Bayerischen Landesamt für Wasserwirtschaft vom 23. und 24. 02. 1984 in München.* Hrsg. v. Umweltbundesamt Berlin. Materialien 1/84. Bielefeld 1984.

zum Thema Umweltschutz in Recht und Verwaltung

Akademie für Natur- und Umweltschutz Baden-Württemberg: *Umweltberichte.* Stuttgart 1989.

Bender, B.; Sparwasser, R.: *Umweltrecht. Eine Einführung in das öffentliche Recht des Umweltschutzes.* Heidelberg 1988.

Birr, M. et al.: *Wertung der Umwelteigenschaften von Produkten im Rahmen des öffentlichen Beschaffungswesens. Forschungsbericht der Industrieanlagen – Betriebsgesellschaft Otto Brunn im Auftrag des Umweltbundesamtes.* UBA-Texte 9/83. Hrsg. v. Umweltbundesamt. Berlin 1983.

Bronowski, Ralf-Dieter; Wicke, Lutz: *Der Ökoplan. Durch Umweltschutz zu neuen Wirtschaftswundern.* München 1984.

Buchwald, Konrad: *Handbuch für Planung, Gestaltung und Schutz der Umwelt.* München, Wien und Zürich 1980.

Bundesminister des Innern (Hrsg.): *Bericht über Regelungen und Maßnahmen zur Berücksichtigung umweltfreundlicher Produkte bei Beschaffungen und Vergaben der öffentlichen Hand in Bund und Ländern.* Bonn 1984.

Bundesminister für Forschung und Technologie: *Neue Aspekte der Energieforschungspolitik. Ausgewählte Reden und Mitteilungen aus dem Bundesministerium für Forschung und Technologie.* Köln 1983.

Dreyhaupt, Franzjosef: „Luftreinhaltung als Faktor der Stadt und Regionalplanung." In: *Schriftenreihe Umweltschutz.* Köln 1971.

Faber, Malte: *Volkswirtschaftliche Auswirkungen der Vermeidung und Verwertung von Abfällen. Luft, Boden, Abfall.* Heft 2. Stuttgart 1988.

Fiebig, Karl-Heinz; Hinzen, Ajo: *Umweltschutz und Industriestandorte. Planungskonzeptionen und Rechtsinstrumente.* Berlin 1988.

Fürst, Dietrich: *Umwelt-Raum-Politik. Ansätze einer Integration von Umweltschutz, Raumplanung und regionaler Entwicklungspolitik.* Wien 1986.

Gerwin, Robert: *So ist das mit der Entsorgung. Was aus den verbrauchten Brennelementen der Kernkraftwerke wird.* Berlin 1978.

Hartkopf, Günter: „Umweltschutz und Verwaltung. Der öffentliche Dienst zwischen politischem Anspruch und Realisierungsnot." In: *Schriften zur Staats- und Gesellschaftspolitik.* Bd. 23. Bonn 1986.

Hucke, Jochen et al.: „Umweltschutz in der öffentlichen Vergabepolitik." In: *UBA-Texte* 3/81. Berlin 1981.

Hundertmark, Ulrich: *Die Durchführung der Umweltverträglichkeitsprüfung. Eine verwaltungs- und verfassungsrechtliche Analyse der*

Zuständigkeiten und Bindungswirkungen. Berlin 1988.

Jung, Gottfried: „Die Planung in der Abfallwirtschaft." In: *Abfallwirtschaft in Forschung und Praxis.* Bd. 20. Berlin 1988.

Mainberg, Volker; Bickel, Christian: *Umweltstrafrecht. Gesetzliche Grundlagen, verwaltungsrechtliche Zusammenhänge und praktische Anwendungen.* Düsseldorf 1989.

Memig, Harald: *Emissionsminderung und Recycling. Grundlagen, Technologien, Verordnungen und Richtlinien.* Landsberg ²1987.

Müskens, E.: *Umweltschutz in der Gemeinde.* Siegburg 1987.

Neitzel, H. et al.: *Umweltfreundliche Beschaffung. Handbuch zur Berücksichtigung des Umweltschutzes in der öffentlichen Verwaltung und im Einkauf.* Hrsg. v. Umweltbundesamt. Wiesbaden ²1989.

Püchel, Gerald: „Die materiell-rechtlichen Anforderungen der EG-Richtlinien zur Umweltverträgleichkeitsprüfung. Eine Untersuchung der Auswirkungen auf die Zulassung gem. § 4 ff." In: *Beiträge zum Siedlungs- und Wohnungswesen und zur Raumplanung.* Bd. 127. Münster 1989.

Rehbinder, Eckart: „Politische und rechtliche Probleme des Verursacherprinzips." In: *Beiträge zur Umweltgestaltung.* Heft 15. Bielefeld 1973.

Rehbinder, Eckart et al.: „Bürgerklage im Umweltrecht." In: *Beiträge zur Umweltgestaltung.* Heft 4. Berlin 1972.

Reichert, Thomas: *Umweltverträglichkeitsprüfung – Umbruch in der Umweltpolitik oder Instrument zusätzlicher Legitimation? Ziele, Begriffe und verfahrensrechtliche Mindestanforderungen.* Dortmund 1988.

Schillinger, Josef: *Naturschutzrecht für Baden-Württemberg.* Stuttgart, Berlin, Köln und Mainz ⁴1984.

Schmölling, Jürgen: *Luftreinhaltung '88. Tendenzen – Probleme – Lösungen. Materialien zum 4. Immissionsschutzbericht der Bundesregierung an den Deutschen Bundestag.* Hrsg. v. Umweltbundesamt. Berlin 1989.

Stammen, Theo et al.: *Umweltschutz als politischer Prozeß. Politik und politische Bildung.* München 1976.

Storm, Peter-Christoph: *Umwelt-Recht. Wichtige Gesetze und Verordnungen zum Schutz der Umwelt.* München ⁵1989.

Umweltbundesamt (Hrsg.): *Bürger im Umweltschutz 1988/1989. Nichtstaatliche Umweltschutzorganisationen und Bürgerinitiativen. Umweltschutz in der Bundesrepublik Deutschland.* Berlin 1989.

Wicke, Lutz: *Rückzahlbare Umweltabgabe im Abfallwirtschaftsbereich. Ein neues umweltpolitisches Instrument.* Bielefeld 1977.

Zimmermann, Friedrich: *Umweltpolitik in Wort und Tat.* Stuttgart, Berlin, Köln und Mainz 1986.

zum Thema Umweltschutz im Alltag

Billen-Girmscheid, G.; Schmitz, O.: *Der alternative Verbraucher.* Bd. 1. *Rund ums Waschen. Chemie im Haushalt.* 1984.

Von Devirere, Beate et al.: *Umweltschutz für Kinder. Thema: Atemluft.* Frankfurt/M. 1986.

Engelhardt, Rolf Johannes et al.: *Wörterbuch Umweltchemikalien.* Hrsg. v. Bundesminister für Umwelt, Naturschutz und Reaktorsicherheit. Berlin 1980.

Faust, B.; Hutter, C.-P.: *Wunderland am Wegesrand.* Stuttgart 1988.

Fischer, C.; Fischer, R.: *Umweltfreundliche Hauswirtschaft. Erfolgsbuch zu ökologischem Handeln im Haushalt,* 1988.

Grießhammer, R.: *Umweltengel – Umweltteufel. „Umweltfreundliche Produkte". – Die Wahrheit über den wahren-Wert,* 1986.

Grießhammer, R.: *Ökoknigge.* Reinbek 1987.

Haenschk, Frank et al.: *Die gigantische Verschwendung.* München 1982.

Höpfner, Ulrich et al.: *Pkw, Bus oder Bahn? Schadstoffemissionen und Energieverbrauch im Stadtverkehr 1984 und 1985.* München 1988.

Hutter, C.-P.; Thielcke, G.: *Natur ohne Grenzen.* Stuttgart 1990.

Hutter, C.-P.; Link, F.-G.: *Wunderland am Waldesrand.* Stuttgart 1990.

Klemp, H.: *Mehr Natur in Dorf und Stadt.* Hrsg. v. Bund für Umwelt- und Naturschutz Deutschland, Landesverband Schleswig-Holstein e.V. Damendorf 1984.

Koengeter, Bernd: *Ökologie und Verkehr.* Hrsg. v. Informationszentrum Raum und Bau der Frauenhofer-Gesellschaft. Stuttgart 1985.

Kommission der Europäischen Gemeinschaft, Generaldirektion Informationsmarkt und

Innovation (Hrsg.): *Biogasanlagen in Europa. Ein Handbuch für die Praxis.* Brüssel 1985.

Kortenkamp, Andreas (Hrsg.): *Die Grenzenlosigkeit der Grenzwerte. Zur Problematik eines politischen Instruments im Umweltschutz – Ergebnisse eines Symposiums des Ökoinstituts und der Stiftung Mittlere Technologie.* Karlsruhe 1989.

Rau, Hans: *Heliotechnik. Sonnenenergie in praktischer Anwendung.* München [3]1976.

Reißer, Bernhard et al.: *Abfallvermeidung. Leitfaden für eine ökologische Abfallwirtschaft.* Frankfurt/M. 1989.

Renken, K.: *Umweltfreundliche Produkte. Ein Handbuch für den ökobewußten Verbraucher.* Frankfurt/M. 1985.

Thielcke, G.; Herrn, C.-P.; Hutter, C.-P.; Schreiber, R.: *Rettet die Frösche.* Stuttgart 1991.

Schlüter, H. J., Hutter, C.-P.: *Naturkunde.* Stuttgart 1988.

Schnell, Roland: *Abfallvermeidung. Stand und Perspektiven.* Hrsg. v. AGÖS-Arbeitsgemeinschaft Ökologischer Forschungsinstitute. 1988.

Seiberth, H.: „Leben lassen – Erfahrungen mit dem Herbizidverzicht in Berlin." In: *Seminar Umweltfreundliches Beschaffungswesen,* UBA-Texte 5/83. Berlin 1983.

Wanjorek, L.; Wanjorek, A.: *Umweltfreundlich Saubermachen. Tips und Rezepte zum Selbermachen von Reinigungs-, Spül- und Pflegemitteln für den Gebrauch im Haushalt.* [2]1989.

Lösungsteil

1 Ökologie

INFORMATIONSTEIL
Puzzle

8	4	7
1		3
6	2	5

ARBEITSPROGRAMM

A. Ökosystem

B. a) z. B. Teppich, Glas, Metall
b) Zimmerpflanzen
c) Bücher, Bild

C. Ökologische – komplexer – Wechselwirkung – Arten – Gruppe – übereinstimmen – Nachkommen – Fortpflanzungsgemeinschaft – Vermischung.

D.

Heide | Weiher

Streuobstwiese | Ackerrandstreifen

Moor | Laubwald

E. 3 – 5 – 6 – 8 – 10 – 13 – 14.

F.

E	Abwasserreinigung
D	Gewässer- und Pflanzenverdunstung
B	Grundwasser
C	Verbrauch
A	Wasseraufbereitung
F	Verdunstung vom Meer

G. 1 = 32 %; 2 = 2 %; 3 = 30 %; 4 = 2 %; 5 = 6 %; 6 = 12 %.

KURSPROGRAMM

1. Erst wenn der letzte Baum gerodet, der letzte Fluß vergiftet, der letzte Fisch gefangen ist, werdet ihr feststellen, daß man Geld nicht essen kann.

2. Wir haben die Erde nicht von unseren Vätern geerbt – wir haben sie von unseren Kindern geliehen.

LERNKONTROLLE

1 a/d; 2 d; 3 a; 4: der Kreislauf der Stoffe nicht gestört ist; ein Ökosystem intakt ist; 5 e; 6 d; 7 a; 8 c; 9 d; 10 c.

2 UMWELTSCHUTZ IN POLITIK UND GESELLSCHAFT

INFORMATIONSTEIL

Umwelt-Kreuzwort-Politikrätsel

```
I     L           L       K
m     u   P       a   W a l d s t e r b e N
m     f   a       n       ä               a
i N a t u r k u n d e v e r e i n         t
s     v   t       s       a               u
s     e   e       c       n         U     r
i     r   i       h       l         m     s
o     s   e     L a n d t a g       w     c
n     c   n       f       g         e     h
s     h       N a t u r d e n k m a l     u
s     m           s                 t   U t
c     u     Ö k o s y s t e m       m   m z
h     t           c                 i   w
u   O z o n     P h o t o o x i d a n z e n
t     u           u                 i   l
z     n U m w e l t a u s s c h u s s   t
g     g           z                 t   p
e                 g                 e   o
S t i c k o x i d e                 r   l
e                 B a n n w a l d       i
t                 i                     t
z                 e           ö k o l o g i e
              A r t e n t o d           k
```

ARBEITSPROGRAMM

A. Naturdenkmal: rechtsverbindlich – Einzelschöpfungen – Bäume – Verlust – Zerstörung – verboten.
Naturschutzgebiet: Gebiet – Biotop – Grundlage – Ökosystem – 10 % – Wasserflächen – 1,7 %.

B. Nein – Nein – Ja – Nein – Ja – Ja – Nein – Ja – Nein – Ja – Ja – Nein.

C. 1. braune Nadeln; 2. Verlichtungen; 3. Baumkrone nicht mehr spitz; 4. Lamettaäste; 5. Angsttriebe; 6. Übermäßige Zapfenabildung; 7. rissige Rinde.

D.

	5
1	2
3	4

E.

```
      5
  6       2

  4       3
      1
```

F. 1. Es gibt keinen Unterschied im Gesetzgebungsverfahren.
2. Ein Bürger kann keinen Gesetzantrag stellen.
3. Der Umweltausschuß hat 17 Mitglieder.
4. Die Gesetzesvorlage wird formuliert, bevor sie im Umweltausschuß behandelt wird.
5. Die Landesregierung beschließt keine Gesetze.
6. Es gibt kein Einspruchsrecht für Bürger – nur ein Petitionsrecht.
7. Ein Gesetz wird vom Landtag verabschiedet.

LERNKONTROLLE

1. b; 2. alle; 3. d; 4. a, b, d, 5. b, d; 6. e; 7. c; 8. b; 9. a; 10. b, e.

3 UMWELTSCHUTZ IN RECHT UND VERWALTUNG

ARBEITSPROGRAMM

A. Düngemittel-/Energieeinsparungs-/Tierschutz-/Wasserhaushalts-/Abfall-/Atom-/Waschmittel-/Chemikalien-/Bundeswald-/Energiesicherungs-/Pflanzenschutz-/Abwasserabgaben-/Benzinblei-/Bundesnaturschutz-/Strahlenschutzvorsorge-/Immissionsschutzgesetz.
Der gesuchte Begriff lautet: Verursacherprinzip.

B. Landschaftspflege – Leistungsfähigkeit – Nutzungsfähigkeit – Vielfalt – Schönheit – Tier- und Pflanzenwelt – Lebensräume – Aussterben – Landwirtschaft – Forstwirtschaft – Naturschutzbehörden – des Naturschutzes – der Landschaftspflege – der Raumordnung.

C. s. Abb. 2, S. 68

D. Schädliche Umwelteinwirkungen sind Immissionen, die Gefahren, erhebliche Nachteile oder erhebliche Belästigungen für die Allgemeinheit oder die Nachbarschaft herbeiführen können.

E. Nein – Nein – Ja (Art. 2.2) – Nein – Nein – Ja (Art. 14.2) – Nein – Ja (Art. 15).
(Sie können jederzeit ein kostenloses Exemplar des Grundgesetzes bei der Landeszentrale für politische Bildung anfordern).

F. 1: § 25 Geschützte Grünbestände;
2: § 21 Naturschutzgebiete; 3: § 23 Naturparke; 4: § 24 Naturdenkmale; 5: § 22 Landschaftsschutzgebiete.

LERNKONTROLLE

1. z. B. Seveso: Dioxinaustritt; Sandoz/Basel: Rheinvergiftung; Tschernobyl: Atomunfall (GAU); Hamburg-Georgswerder: giftige Altlasten auf Mülldeponie; Nordsee: Robbensterben; Italien: Algenblüte. 2. alle; 3. c.; 4. a, b, e; 5. b, d, e; 6. c, d; 7. a, d; 8. e; 9. b; 10. e.

(Quellenangabe: Cartoons, soweit nicht anders vermerkt, aus: *Die Europäische Gemeinschaft und der Umweltschutz,* a.a.O. 1987)

4 UMWELTSCHUTZ IM ALLTAG

INFORMATIONSTEIL

Umwelt-ABC
Artenschutz/Abfall/Abwasser/Allergien
Biotop/Biosphäre/bleifreies Benzin
Chemie ...
Dünger
Emission
Formaldehyd/Fluorchlorkohlenwasserstoff
GAU (Größter Anzunehmender Unfall)
Herbizide
Immissionsschutz
Jute statt Plastik
Katalysator/Kompost
Landschaftsverbrauch
Müll
Naturschutz/Naturgarten
Ozonloch
Phosphate
Quecksilber
Recycling
Smog/Sonnenergie
Tempolimit/TA-Luft
Umweltbewußtsein/Umweltministerium
Vogelschutzbund/Verpackung
Waldsterben/Wärmedämmung
X
Y
Zukunft

ARBEITSPROGRAMM

A. Bei zwei Glühbirnen Nr. 1 entstehen für die gleiche Brenndauer wie Nr. 2 doppelt so hohe Herstellungskosten (Material, Energie-/Arbeitseinsatz) sowie doppelt soviel Abfall, der entsorgt werden muß. Der Verbraucher muß außerdem zweimal einkaufen gehen und hat doppelte Müllgebühren zu zahlen.

B.

	durchschnittliche Benutzungszeit	technisch mögliche (in Jahren)
Fahrräder	4	75
Autos	9	10
Landwirtschaftsgeräte	15	25
Eisenbahnen	30	50
Schiffe	15	80

C.

Geräteart	Jahresverbrauch in kWh (etwa)*	
Elektrorasierer	0,36	5 Minuten am Tag
Handrührgerät	11	10 Minuten am Tag
Haartrockner	27	viermal die Woche
Kaffeeautomat	61	8 Tassen/Tag
Beleuchtung	180	
Kühlschrank	190	
Fernsehgerät	200	
Gefriertruhe	400	
Elektroherd	600	
Wäschetrockner	400– 800	
Waschmaschine	250–1000	
Geschirrspülmaschine	250–1000	

* In einem Vier-Personen-Haushalt (nach Bossel)

D. Mindergiftig: 6; Ätzend: 5; Leicht entzündlich: 3; Explosionsgefährlich: 1; Brandfördernd: 2; Giftig: 4; Reizend: 7.

E. Dachbegrünung, Fassadenbegrünung, Rasengittersteine, Einfriedung aus Büschen, Alleebäume ...

Quellen: Die Arbeitsaufgaben A, B, C sind – teilweise abgewandelt – aus: Grießhammer, *Der Öko-Knigge*, Reinbek 1987 entnommen.

LERNKONTROLLE

1. a, b, e; 2. b, c; 3. b; 4. b, c, e; 5. a, b, d, e; 6. a, b, e; 7. c; 8. a, b, c, d, e; 9. c, (der Pirol [9 b] ist Vogel des Jahres 1990); 10. a, b, e.

Bildnachweis

Bavaria Bildagentur SU u. r.
Blessing 17 m., 51 o. und u.
BNL Stuttgart SU u. l., 16, 17 o. r., 17 u., 27 u. l., 27 u. r., 66, 75
Flötotto 26
Globus 63, 91, 94, 97
Haitzinger 50, 62 o.
Hanel 45
Hutter SU o. l. und o. r., 11, 27 o. l., 27 o. r., 27 m. l., 39, 42, 61, 89, 95 u. r.
Kluvert 27 m. r.
Sempé 62 u.
Weisser 17 o. m.

Begert 100 o.
Faust 31
Grafiken 43 l., 97 o. r.
Herrn 43 u. r., 70 u. l., 102 o. l.
Hutter 98 m. r.
Jedicke 98 m. l.
Lemb 98 u. l., 98 u. r.
Liebiger; Bader 44 o., 52, 53, 93

Wolf 107, Luftbild freig. d. Reg.-Präs. Stgt. B19953
Wüstenberg 45 u., 70 o. l.
Aus: Hutter, C.-P.; Thielcke, G.; Herrn, C.-P.; Faust, B.: *Naturschutz in der Gemeinde,* Stuttgart 1989.

Göthel 95 u. l.
Grafik 19
Aus: Faust, B.; Hutter, C.-P.: *Wunderland am Wegesrand,* Stuttgart 1988.

Abb. 98 o.
Aus: Ministerium für Umwelt Baden-Württemberg (Hrsg.): *Besser leben mit der Natur,* Folge 1. „Begrünte Dächer".

Abb. 65 und 67
Aus: Landratsamt Rems-Murr-Kreis (Hrsg.): *Umweltschutz ist Trumpf,* Waiblingen 1989.

DAS UMFASSENDE HANDBUCH

Naturschutz in der Gemeinde
192 Seiten, DM 36,–
ISBN 3 522 30220 2

Erhältlich in Ihrer Buchhandlung.

EDITION ERDMANN